에스겔.쓰다

EZEKIEL WRITE

에이프릴지저스 편집부

일러두기

1. 본서에 사용한 『성경전서 개역개정판』의 저작권은 (재)대한성서공회 소유로 허락을 받고 사용하였습니다.
2. 에이프릴지저스는 하나님이 만드신 세상을, 사진으로 자연스럽게(노필터) 담습니다.

내지 사진 : 이탈리아 돌로미티

개역
개정

에스겔.쓰다

필사는, 정독 중의 정독!
가장 적극적인 성경읽기입니다.

기록자
WRITER

시작일
START DATE

마감일
COMPLETE DATE

에스겔

에스겔은

제사장 가문 출신으로, 포로지 그발 강가에서 하나님의 부르심을 받아 예언자가 됩니다.(에스겔과 다니엘은 포로로 잡혀가 바벨론에서 사역한 예언자입니다)
에스겔의 이름은 '하나님이 강하게 하신다'라는 의미입니다.
예언 활동 중 바벨론에 의해 예루살렘 함락 소식을 듣게 되는데, 이 사건 이후, 에스겔서의 메시지는 '심판'과 '구원'이라는 두 주제로 크게 구분됩니다.
1~32장은 이스라엘 뿐만 아니라, 열방에 대한 하나님의 심판과 경고의 메시지를 전합니다. 33~48장에서는 평화와 회복의 메시지를 전달합니다. 에스겔 골짜기의 마른 뼈 환상을 통해 하나님의 백성이 회복될 것을 예언합니다.
또 다른 환상에는, 새로운 성전과 예루살렘 성읍의 회복을 보여줍니다. 성읍의 이름은 '주님께서 거기 계시다'라는 뜻의 "'여호와 삼마'로 하리라" 말씀합니다.
궁극적으로는 이스라엘의 회복과 메시야 왕국의 영광을 보여 줌으로써 바벨론의 포로가 된 유다 백성들에게 소망을 주려는 목적으로 기록되었습니다.

에스겔서는, 백성들의 딱딱하게 굳은 마음과 하나님의 상하고 진노한 마음의 충돌입니다. 에스겔의 필사를 통해 하나님의 절절한 마음을 느껴보시길 바랍니다.

에스겔 구조 48장 1,273절

◆ **1-3장**	에스겔의 부름과 소명	하나님의 심판과 회복의 소망
◆ **4-24장**	유다에 임할 심판	
◆ **25-32장**	열국에 임할 심판	
◆ **33-48장**	회복에 대한 예언	

예언서

구약 성경의 예언서는 대예언서 5권과 소예언서 12권으로 구성되어 있습니다.(17권)
내용의 중요성에 의한 구분이 아니라 책의 분량에 의해 나눠졌습니다.

- ◆ 대예언서(5권) : 이사야, 예레미야, 예레미야애가, 에스겔, 다니엘
- ◆ 소예언서(12권) : 호세아, 요엘, 아모스, 오바댜, 요나, 미가, 나훔, 하박국, 스바냐, 학개, 스가랴, 말라기

예언서의 기록목적

1) 이스라엘의 불신앙과 도덕적 범죄에 대한 책망과 회개를 권유하기 위함.
2) 하나님께서 독생자를 보내 주시어 장차 그를 통해 유대뿐 아니라 온 인류가 구원받게 됨을 예시하기 위함.

필사

왜 필사인가?

필사는 정독 중의 정독입니다. 성경이 말하고자 하는 의미와 말씀이 살아 움직이는 체험을 하고 싶다면 빠르게 성경책을 넘기지 말고 정독하는 것이 좋습니다. 필사는 천천히 한자 한자 정성껏 쓰고 또 확인하며 천천히 읽게 되므로 말씀을 더 깊이 느낄 수 있는 시간이 주어집니다. 그동안 보이지 않았던, 말씀의 한 구절 한 구절이 가슴을 울리며 깊이 다가오는 경험을 갖게 됩니다. **필사라는 가장 적극적인 성경읽기를 통해,** 말씀이 살아 움직임을 느끼고 삶의 변화까지 선물 받는 놀라운 필사의 경험을, 반드시 스스로에게 선물하기를 바랍니다.

왜 모눈(그리드) 인가?

수많은 대부분의 노트들은 줄로 이루어져 있습니다. 줄노트를 쓰는데 있어서 우리는 익숙하고 당연합니다. 하지만, 간격이 정해진 줄노트는 생각의 폭이 줄안에 갇힐수 있으므로 생각 확장이 제한됩니다. 공간 활용에 자유로운 모눈(grid)은, 라인의 색깔이 연하므로 눈이 어지럽지 않고 글씨 정렬 맞추기에 용이합니다. 필사를 하다 보면 노트를 더 예쁘게 만들고 싶을 때가 있습니다. 필사 후, 나에게 주신 말씀을 **색연필, 형광펜으로 밑줄을 긋거나,** 남은 공간에는 자유롭게 묵상 또는 생각을 간략히 적어보세요. 이 모눈노트가 나만의 필사노트를 꾸미는 것에 도움을 줄 것입니다. **자유로운 필사와 묵상으로 주님과 더욱 친밀해지기를 소망합니다.**

필사하기 전에

1. **[기도] 필사를 시작하기 전에 기도하세요.**
   "내 눈을 열어서 주의 율법에서 놀라운 것을 보게 하소서(시119:18)"
2. **[읽기] 좌측의 성경말씀을 옮겨 적으며 소리 내 필사를 하세요.**
   "오직 여호와의 율법을 즐거워하며(시1:2)"
3. **[묵상] 읽고, 필사한 말씀을 묵상하세요.**
   "너희는 나의 이 말을 너희의 마음과 뜻에 두고 또 그것을 너희의 손목에 매어 기호를 삼고 너희 미간에 붙여 표를 삼으며(신11:18)"
4. **[적용] 말씀을 나의 삶에 적용하세요.**
   "나로 하여금 깨닫게 하여 주소서 내가 주의 법을 준행하며 전심으로 지키리이다(시119:34)"
5. **[기도] 필사 후 기도로 마무리 합니다.**
   "내가 주의 법을 어찌 그리 사랑하는지요 내가 그것을 종일 작은 소리로 읊조리나이다(시119:97)"

내가 네 곁으로 지나갈 때에
네가 피투성이가 되어 발짓하는 것을 보고
네게 이르기를 너는 피투성이라도 살아 있으라
다시 이르기를 너는 피투성이라도 살아 있으라 하고

에스겔 EZEKIEL 16:6

1장

여호와의 보좌

1 서른째 해 넷째 달 초닷새에 내가 그발 강 가 사로잡힌 자 중에 있을 때에
하늘이 열리며 하나님의 모습이 내게 보이니

2 여호야긴 왕이 사로잡힌 지 오 년 그 달 초닷새라

3 갈대아 땅 그발 강 가에서 여호와의 말씀이 부시의 아들 제사장 나 에스겔
에게 특별히 임하고 여호와의 권능이 내 위에 있으니라

4 내가 보니 북쪽에서부터 폭풍과 큰 구름이 오는데 그 속에서 불이 번쩍번쩍
하여 빛이 그 사방에 비치며 그 불 가운데 단 쇠 같은 것이 나타나 보이고

5 그 속에서 네 생물의 형상이 나타나는데 그들의 모양이 이러하니 그들에게
사람의 형상이 있더라

6 그들에게 각각 네 얼굴과 네 날개가 있고

7 그들의 다리는 곧은 다리요 그들의 발바닥은 송아지 발바닥 같고 광낸 구리
같이 빛나며

8 그 사방 날개 밑에는 각각 사람의 손이 있더라 그 네 생물의 얼굴과 날개가
이러하니

9 날개는 다 서로 연하였으며 갈 때에는 돌이키지 아니하고 일제히 앞으로 곧
게 행하며

10 그 얼굴들의 모양은 넷의 앞은 사람의 얼굴이요 넷의 오른쪽은 사자의 얼굴
이요 넷의 왼쪽은 소의 얼굴이요 넷의 뒤는 독수리의 얼굴이니

11 그 얼굴은 그러하며 그 날개는 들어 펴서 각기 둘씩 서로 연하였고 또 둘은
몸을 가렸으며

12 영이 어떤 쪽으로 가면 그 생물들도 그대로 가되 돌이키지 아니하고 일제히
앞으로 곧게 행하며

13 또 생물들의 모양은 타는 숯불과 횃불 모양 같은데 그 불이 그 생물 사이에
서 오르락내리락 하며 그 불은 광채가 있고 그 가운데에서는 번개가 나며

14 그 생물들은 번개 모양 같이 왕래하더라
15 내가 그 생물들을 보니 그 생물들 곁에 있는 땅 위에는 바퀴가 있는데 그 네
얼굴을 따라 하나씩 있고
16 그 바퀴의 모양과 그 구조는 황옥 같이 보이는데 그 넷은 똑같은 모양을 가
지고 있으며 그들의 모양과 구조는 바퀴 안에 바퀴가 있는 것 같으며
17 그들이 갈 때에는 사방으로 향한 대로 돌이키지 아니하고 가며
18 그 둘레는 높고 무서우며 그 네 둘레로 돌아가면서 눈이 가득하며
19 그 생물들이 갈 때에 바퀴들도 그 곁에서 가고 그 생물들이 땅에서 들릴 때
에 바퀴들도 들려서
20 영이 어떤 쪽으로 가면 생물들도 영이 가려 하는 곳으로 가고 바퀴들도 그
곁에서 들리니 이는 생물의 영이 그 바퀴들 가운데에 있음이니라
21 그들이 가면 이들도 가고 그들이 서면 이들도 서고 그들이 땅에서 들릴 때
에는 이들도 그 곁에서 들리니 이는 생물의 영이 그 바퀴들 가운데에 있음
이더라
22 그 생물의 머리 위에는 수정 같은 궁창의 형상이 있어 보기에 두려운데 그
들의 머리 위에 펼쳐져 있고
23 그 궁창 밑에 생물들의 날개가 서로 향하여 펴 있는데 이 생물은 두 날개로
몸을 가렸고 저 생물도 두 날개로 몸을 가렸더라
24 생물들이 갈 때에 내가 그 날개 소리를 들으니 많은 물 소리와도 같으며 전
능자의 음성과도 같으며 떠드는 소리 곧 군대의 소리와도 같더니 그 생물이
설 때에 그 날개를 내렸더라
25 그 머리 위에 있는 궁창 위에서부터 음성이 나더라 그 생물이 설 때에 그 날
개를 내렸더라
26 그 머리 위에 있는 궁창 위에 보좌의 형상이 있는데 그 모양이 남보석 같고
그 보좌의 형상 위에 한 형상이 있어 사람의 모양 같더라

년 월 일

27 내가 보니 그 허리 위의 모양은 단 쇠 같아서 그 속과 주위가 불 같고 내가
보니 그 허리 아래의 모양도 불 같아서 사방으로 광채가 나며

28 그 사방 광채의 모양은 비 오는 날 구름에 있는 무지개 같으니 이는 여호와
의 영광의 형상의 모양이라 내가 보고 엎드려 말씀하시는 이의 음성을 들으
니라

2장

에스겔을 선지자로 부르시다

1 그가 내게 이르시되 인자야 네 발로 일어서라 내가 네게 말하리라 하시며

2 그가 내게 말씀하실 때에 그 영이 내게 임하사 나를 일으켜 내 발로 세우시
기로 내가 그 말씀하시는 자의 소리를 들으니

3 내게 이르시되 인자야 내가 너를 이스라엘 자손 곧 패역한 백성, 나를 배반
하는 자에게 보내노라 그들과 그 조상들이 내게 범죄하여 오늘까지 이르렀
나니

4 이 자손은 얼굴이 뻔뻔하고 마음이 굳은 자니라 내가 너를 그들에게 보내노
니 너는 그들에게 이르기를 주 여호와의 말씀이 이러하시다 하라

5 그들은 패역한 족속이라 그들이 듣든지 아니 듣든지 그들 가운데에 선지자
가 있음을 알지니라

6 인자야 너는 비록 가시와 찔레와 함께 있으며 전갈 가운데에 거주할지라도
그들을 두려워하지 말고 그들의 말을 두려워하지 말지어다 그들은 패역한
족속이라도 그 말을 두려워하지 말며 그 얼굴을 무서워하지 말지어다

7 그들은 심히 패역한 자라 그들이 듣든지 아니 듣든지 너는 내 말로 고할지
어다

8 너 인자야 내가 네게 이르는 말을 듣고 그 패역한 족속 같이 패역하지 말고
네 입을 벌리고 내가 네게 주는 것을 먹으라 하시기로

년 월 일

9 내가 보니 보라 한 손이 나를 향하여 펴지고 보라 그 안에 두루마리 책이 있
더라

10 그가 그것을 내 앞에 펴시니 그 안팎에 글이 있는데 그 위에 애가와 애곡과
재앙의 말이 기록되었더라

3장

1 또 그가 내게 이르시되 인자야 너는 발견한 것을 먹으라 너는 이 두루마리
를 먹고 가서 이스라엘 족속에게 말하라 하시기로

2 내가 입을 벌리니 그가 그 두루마리를 내게 먹이시며

3 내게 이르시되 인자야 내가 네게 주는 이 두루마리를 네 배에 넣으며 네 창
자에 채우라 하시기에 내가 먹으니 그것이 내 입에서 달기가 꿀 같더라

4 그가 또 내게 이르시되 인자야 이스라엘 족속에게 가서 내 말로 그들에게
고하라

5 너를 언어가 다르거나 말이 어려운 백성에게 보내는 것이 아니요 이스라엘
족속에게 보내는 것이라

6 너를 언어가 다르거나 말이 어려워 네가 그들의 말을 알아 듣지 못할 나라
들에게 보내는 것이 아니니라 내가 너를 그들에게 보냈다면 그들은 정녕 네
말을 들었으리라

7 그러나 이스라엘 족속은 이마가 굳고 마음이 굳어 네 말을 듣고자 아니하리
니 이는 내 말을 듣고자 아니함이니라

8 보라 내가 그들의 얼굴을 마주보도록 네 얼굴을 굳게 하였고 그들의 이마를
마주보도록 네 이마를 굳게 하였으되

9 네 이마를 화석보다 굳은 금강석 같이 하였으니 그들이 비록 반역하는 족속
이라도 두려워하지 말며 그들의 얼굴을 무서워하지 말라 하시니라

10 또 내게 이르시되 인자야 내가 네게 이를 모든 말을 너는 마음으로 받으며
귀로 듣고

11 사로잡힌 네 민족에게로 가서 그들이 듣든지 아니 듣든지 그들에게 고하여
이르기를 주 여호와의 말씀이 이러하시다 하라

12 때에 주의 영이 나를 들어올리시는데 내가 내 뒤에서 크게 울리는 소리를
들으니 찬송할지어다 여호와의 영광이 그의 처소로부터 나오는도다 하니

13 이는 생물들의 날개가 서로 부딪치는 소리와 생물 곁의 바퀴 소리라 크게
울리는 소리더라

14 주의 영이 나를 들어올려 데리고 가시는데 내가 근심하고 분한 마음으로 가
니 여호와의 권능이 힘 있게 나를 감동시키시더라

15 이에 내가 델아빕에 이르러 그 사로잡힌 백성 곧 그발 강 가에 거주하는 자
들에게 나아가 그 중에서 두려워 떨며 칠 일을 지내니라

파수꾼 에스겔

16 칠 일 후에 여호와의 말씀이 내게 임하여 이르시되

17 인자야 내가 너를 이스라엘 족속의 파수꾼으로 세웠으니 너는 내 입의 말을
듣고 나를 대신하여 그들을 깨우치라

18 가령 내가 악인에게 말하기를 너는 꼭 죽으리라 할 때에 네가 깨우치지 아
니하거나 말로 악인에게 일러서 그의 악한 길을 떠나 생명을 구원하게 하지
아니하면 그 악인은 그의 죄악 중에서 죽으려니와 내가 그의 피 값을 네 손
에서 찾을 것이고

19 네가 악인을 깨우치되 그가 그의 악한 마음과 악한 행위에서 돌이키지 아니
하면 그는 그의 죄악 중에서 죽으려니와 너는 네 생명을 보존하리라

20 또 의인이 그의 공의에서 돌이켜 악을 행할 때에는 이미 행한 그의 공의는
기억할 바 아니라 내가 그 앞에 거치는 것을 두면 그가 죽을지니 이는 네가
그를 깨우치지 않음이니라 그는 그의 죄 중에서 죽으려니와 그의 피 값은
내가 네 손에서 찾으리라

년 월 일

21 그러나 네가 그 의인을 깨우쳐 범죄하지 아니하게 함으로 그가 범죄하지 아
니하면 정녕 살리니 이는 깨우침을 받음이며 너도 네 영혼을 보존하리라

에스겔이 말 못하는 자가 되다

22 여호와께서 권능으로 거기서 내게 임하시고 또 내게 이르시되 일어나 들로
나아가라 내가 거기서 너와 말하리라 하시기로

23 내가 일어나 들로 나아가니 여호와의 영광이 거기에 머물렀는데 내가 전에
그발 강 가에서 보던 영광과 같은지라 내가 곧 엎드리니

24 주의 영이 내게 임하사 나를 일으켜 내 발로 세우시고 내게 말씀하여 이르
시되 너는 가서 네 집에 들어가 문을 닫으라

25 너 인자야 보라 무리가 네 위에 줄을 놓아 너를 동여매리니 네가 그들 가운
데에서 나오지 못할 것이라

26 내가 네 혀를 네 입천장에 붙게 하여 네가 말 못하는 자가 되어 그들을 꾸짖
는 자가 되지 못하게 하리니 그들은 패역한 족속임이니라

27 그러나 내가 너와 말할 때에 네 입을 열리니 너는 그들에게 이르기를 주 여
호와의 말씀이 이러하시다 하라 들을 자는 들을 것이요 듣기 싫은 자는 듣
지 아니하리니 그들은 반역하는 족속임이니라

년 월 일

4장

예루살렘을 그리고 에워싸라

1 너 인자야 토판을 가져다가 그것을 네 앞에 놓고 한 성읍 곧 예루살렘을 그
위에 그리고

2 그 성읍을 에워싸되 그것을 향하여 사다리를 세우고 그것을 향하여 흙으로
언덕을 쌓고 그것을 향하여 진을 치고 그것을 향하여 공성퇴를 둘러 세우고

3 또 철판을 가져다가 너와 성읍 사이에 두어 철벽을 삼고 성을 포위하는 것
처럼 에워싸라 이것이 이스라엘 족속에게 징조가 되리라

4 너는 또 왼쪽으로 누워 이스라엘 족속의 죄악을 짊어지되 네가 눕는 날수대
로 그 죄악을 담당할지니라

5 내가 그들의 범죄한 햇수대로 네게 날수를 정하였나니 곧 삼백구십 일이니
라 너는 이렇게 이스라엘 족속의 죄악을 담당하고

6 그 수가 차거든 너는 오른쪽으로 누워 유다 족속의 죄악을 담당하라 내가
네게 사십 일로 정하였나니 하루가 일 년이니라

7 너는 또 네 얼굴을 에워싸인 예루살렘 쪽으로 향하고 팔을 걷어 올리고 예
언하라

8 내가 줄로 너를 동이리니 네가 에워싸는 날이 끝나기까지 몸을 이리 저리
돌리지 못하리라

9 너는 밀과 보리와 콩과 팥과 조와 귀리를 가져다가 한 그릇에 담고 너를 위
하여 떡을 만들어 네가 옆으로 눕는 날수 곧 삼백구십 일 동안 먹되

10 너는 음식물을 달아서 하루 이십 세겔씩 때를 따라 먹고

11 물도 육분의 일 힌씩 되어서 때를 따라 마시라

12 너는 그것을 보리떡처럼 만들어 먹되 그들의 목전에서 인분 불을 피워 구울
지니라

13 또 여호와께서 이르시되 내가 여러 나라들로 쫓아내어 흩어 버릴 이스라엘
자손이 거기서 이같이 부정한 떡을 먹으리라 하시기로

년 월 일

14 내가 말하되 아하 주 여호와여 나는 영혼을 더럽힌 일이 없었나이다 어려서
부터 지금까지 스스로 죽은 것이나 짐승에게 찢긴 것을 먹지 아니하였고 가
증한 고기를 입에 넣지 아니하였나이다
15 여호와께서 내게 이르시되 보라 쇠똥으로 인분을 대신하기를 허락하노니
너는 그것으로 떡을 구울지니라
16 또 내게 이르시되 인자야 내가 예루살렘에서 의뢰하는 양식을 끊으리니 백
성이 근심 중에 떡을 달아 먹고 두려워 떨며 물을 되어 마시다가
17 떡과 물이 부족하여 피차에 두려워 하여 떨며 그 죄악 중에서 쇠패하리라

5장

머리털과 수염을 깎는 상징

1 너 인자야 너는 날카로운 칼을 가져다가 삭도로 삼아 네 머리털과 수염을
깎아서 저울로 달아 나누어 두라
2 그 성읍을 에워싸는 날이 차거든 너는 터럭 삼분의 일은 성읍 안에서 불사
르고 삼분의 일은 성읍 사방에서 칼로 치고 또 삼분의 일은 바람에 흩으라
내가 그 뒤를 따라 칼을 빼리라
3 너는 터럭 중에서 조금을 네 옷자락에 싸고
4 또 그 가운데에서 얼마를 불에 던져 사르라 그 속에서 불이 이스라엘 온 족
속에게로 나오리라
5 주 여호와께서 이와 같이 이르시되 이것이 곧 예루살렘이라 내가 그를 이방
인 가운데에 두어 나라들이 둘러 있게 하였거늘
6 그가 내 규례를 거슬러서 이방인보다 악을 더 행하며 내 율례도 그리함이
그를 둘러 있는 나라들보다 더하니 이는 그들이 내 규례를 버리고 내 율례
를 행하지 아니하였음이니라

년 월 일

7 그러므로 나 주 여호와가 말하노라 너희 요란함이 너희를 둘러싸고 있는 이
방인들보다 더하여 내 율례를 행하지 아니하며 내 규례를 지키지 아니하고
너희를 둘러 있는 이방인들의 규례대로도 행하지 아니하였느니라

8 그러므로 나 주 여호와가 말하노라 나 곧 내가 너를 치며 이방인의 목전에
서 너에게 벌을 내리되

9 네 모든 가증한 일로 말미암아 내가 전무후무하게 네게 내릴지라

10 그리한즉 네 가운데에서 아버지가 아들을 잡아먹고 아들이 그 아버지를 잡아
먹으리라 내가 벌을 네게 내리고 너희 중에 남은 자를 다 사방에 흩으리라

11 그러므로 나 주 여호와가 말하노라 내가 나의 삶을 두고 맹세하노니 네가
모든 미운 물건과 모든 가증한 일로 내 성소를 더럽혔은즉 나도 너를 아끼
지 아니하며 긍휼을 베풀지 아니하고 미약하게 하리니

12 너희 가운데에서 삼분의 일은 전염병으로 죽으며 기근으로 멸망할 것이요
삼분의 일은 너의 사방에서 칼에 엎드러질 것이며 삼분의 일은 내가 사방에
흩어 버리고 또 그 뒤를 따라 가며 칼을 빼리라

13 이와 같이 내 노가 다한즉 그들을 향한 분이 풀려서 내 마음이 가라앉으리
라 내 분이 그들에게 다한즉 나 여호와가 열심으로 말한 줄을 그들이 알리
라

14 내가 이르되 또 너를 황무하게 하고 너를 둘러싸고 있는 이방인들 중에서
모든 지나가는 자의 목전에 모욕 거리가 되게 하리니

15 내 노와 분과 중한 책망으로 네게 벌을 내린즉 너를 둘러싸고 있는 이방인
들에게 네가 수치와 조롱 거리가 되고 두려움과 경고가 되리라 나 여호와의
말이니라

16 내가 멸망하게 하는 기근의 독한 화살을 너희에게 보내되 기근을 더하여 너
희가 의뢰하는 양식을 끊을 것이라

17 내가 기근과 사나운 짐승을 너희에게 보내 외롭게 하고 너희 가운데에 전
염병과 살륙이 일어나게 하고 또 칼이 너희에게 임하게 하리라 나 여호와의
말이니라

년 월 일

6장

여호와께서 우상 숭배를 심판하시다

1 여호와의 말씀이 내게 임하여 이르시되

2 인자야 너는 이스라엘 산을 향하여 그들에게 예언하여

3 이르기를 이스라엘 산들아 주 여호와의 말씀을 들으라 주 여호와께서 산과 언덕과 시내와 골짜기를 향하여 이같이 말씀하시기를 나 곧 내가 칼이 너희에게 임하게 하여 너희 산당을 멸하리니

4 너희 제단들이 황폐하고 분향제단들이 깨뜨려질 것이며 너희가 죽임을 당하여 너희 우상 앞에 엎드러지게 할 것이라

5 이스라엘 자손의 시체를 그 우상 앞에 두며 너희 해골을 너희 제단 사방에 흩으리라

6 내가 너희가 거주하는 모든 성읍이 사막이 되게 하며 산당을 황폐하게 하리니 이는 너희 제단이 깨어지고 황폐하며 너희 우상들이 깨어져 없어지며 너희 분향제단들이 찍히며 너희가 만든 것이 폐하여지며

7 또 너희가 죽임을 당하여 엎드러지게 하여 내가 여호와인 줄을 너희가 알게 하려 함이라

8 그러나 너희가 여러 나라에 흩어질 때에 내가 너희 중에서 칼을 피하여 이방인들 중에 살아 남은 자가 있게 할지라

9 너희 중에서 살아 남은 자가 사로잡혀 이방인들 중에 있어서 나를 기억하되 그들이 음란한 마음으로 나를 떠나고 음란한 눈으로 우상을 섬겨 나를 근심하게 한 것을 기억하고 스스로 한탄하리니 이는 그 모든 가증한 일로 악을 행하였음이라

10 그 때에야 그들이 나를 여호와인 줄 알리라 내가 이런 재앙을 그들에게 내리겠다 한 말이 헛되지 아니하니라

11 주 여호와께서 이같이 이르시되 너는 손뼉을 치고 발을 구르며 말할지어다 오호라 이스라엘 족속이 모든 가증한 악을 행하므로 마침내 칼과 기근과 전염병에 망하되

12 먼 데 있는 자는 전염병에 죽고 가까운 데 있는 자는 칼에 엎드러지고 남아
있어 에워싸인 자는 기근에 죽으리라 이같이 내 진노를 그들에게 이룬즉
13 그 죽임 당한 시체들이 그 우상들 사이에, 제단 사방에, 각 높은 고개 위에,
모든 산 꼭대기에, 모든 푸른 나무 아래에, 무성한 상수리나무 아래 곧 그
우상에게 분향하던 곳에 있으리니 내가 여호와인 줄을 너희가 알리라
14 내가 내 손을 그들의 위에 펴서 그가 사는 온 땅 곧 광야에서부터 디블라까
지 황량하고 황폐하게 하리니 내가 여호와인 줄을 그들이 알리라

7장

이스라엘의 끝이 다가오다

1 또 여호와의 말씀이 내게 임하여 이르시되
2 너 인자야 주 여호와께서 이스라엘 땅에 관하여 이같이 말씀하셨느니라 끝
났도다 이 땅 사방의 일이 끝났도다
3 이제는 네게 끝이 이르렀나니 내가 내 진노를 네게 나타내어 네 행위를 심
판하고 네 모든 가증한 일을 보응하리라
4 내가 너를 불쌍히 여기지 아니하며 긍휼히 여기지도 아니하고 네 행위대로
너를 벌하여 네 가증한 일이 너희 중에 나타나게 하리니 내가 여호와인 줄
을 너희가 알리라
5 주 여호와께서 이같이 이르시되 재앙이로다, 비상한 재앙이로다 볼지어다
그것이 왔도다
6 끝이 왔도다, 끝이 왔도다 끝이 너에게 왔도다 볼지어다 그것이 왔도다
7 이 땅 주민아 정한 재앙이 네게 임하도다 때가 이르렀고 날이 가까웠으니
요란한 날이요 산에서 즐거이 부르는 날이 아니로다

년 월 일

8 이제 내가 속히 분을 네게 쏟고 내 진노를 네게 이루어서 네 행위대로 너를
심판하여 네 모든 가증한 일을 네게 보응하되

9 내가 너를 불쌍히 여기지 아니하며 긍휼히 여기지도 아니하고 네 행위대로
너를 벌하여 너의 가증한 일이 너희 중에 나타나게 하리니 나 여호와가 때
리는 이임을 네가 알리라

10 볼지어다 그 날이로다 볼지어다 임박하도다 정한 재앙이 이르렀으니 몽둥
이가 꽃이 피며 교만이 싹이 났도다

11 포학이 일어나서 죄악의 몽둥이가 되었은즉 그들도, 그 무리도, 그 재물도
하나도 남지 아니하며 그 중의 아름다운 것도 없어지리로다

12 때가 이르렀고 날이 가까웠으니 사는 자도 기뻐하지 말고 파는 자도 근심하
지 말 것은 진노가 그 모든 무리에게 임함이로다

13 파는 자가 살아 있다 할지라도 다시 돌아가서 그 판 것을 얻지 못하리니 이
는 묵시가 그 모든 무리에게 돌아오지 아니하고, 사람이 그 죄악으로 말미
암아 자기의 목숨을 유지할 수 없으리라 하였음이로다

이스라엘이 받는 벌

14 그들이 나팔을 불어 온갖 것을 준비하였을지라도 전쟁에 나갈 사람이 없나
니 이는 내 진노가 그 모든 무리에게 이르렀음이라

15 밖에는 칼이 있고 안에는 전염병과 기근이 있어서 밭에 있는 자는 칼에 죽
을 것이요 성읍에 있는 자는 기근과 전염병에 망할 것이며

16 도망하는 자는 산 위로 피하여 다 각기 자기 죄악 때문에 골짜기의 비둘기
들처럼 슬피 울 것이며

17 모든 손은 피곤하고 모든 무릎은 물과 같이 약할 것이라

18 그들이 굵은 베로 허리를 묶을 것이요 두려움이 그들을 덮을 것이요 모든
얼굴에는 수치가 있고 모든 머리는 대머리가 될 것이며

19 그들이 그 은을 거리에 던지며 그 금을 오물 같이 여기리니 이는 여호와 내
가 진노를 내리는 날에 그들의 은과 금이 능히 그들을 건지지 못하며 능히
그 심령을 족하게 하거나 그 창자를 채우지 못하고 오직 죄악의 걸림돌이
됨이로다

20 그들이 그 화려한 장식으로 말미암아 교만을 품었고 또 그것으로 가증한 우
상과 미운 물건을 만들었은즉 내가 그것을 그들에게 오물이 되게 하여

21 타국인의 손에 넘겨 노략하게 하며 세상 악인에게 넘겨 그들이 약탈하여 더
럽히게 하고

22 내가 또 내 얼굴을 그들에게서 돌이키리니 그들이 내 은밀한 처소를 더럽히
고 포악한 자도 거기 들어와서 더럽히리라

23 너는 쇠사슬을 만들라 이는 피 흘리는 죄가 그 땅에 가득하고 포악이 그 성
읍에 찼음이라

24 내가 극히 악한 이방인들을 데려와서 그들이 그 집들을 점령하게 하고 강한
자의 교만을 그치게 하리니 그들의 성소가 더럽힘을 당하리라

25 패망이 이르리니 그들이 평강을 구하여도 없을 것이라

26 환난에 환난이 더하고 소문에 소문이 더할 때에 그들이 선지자에게서 묵시
를 구하나 헛될 것이며 제사장에게는 율법이 없어질 것이요 장로에게는 책
략이 없어질 것이며

27 왕은 애통하고 고관은 놀람을 옷 입듯 하며 주민의 손은 떨리리라 내가 그
행위대로 그들에게 갚고 그 죄악대로 그들을 심판하리니 내가 여호와인 줄
을 그들이 알리라

8장

예루살렘의 우상 숭배

1 여섯째 해 여섯째 달 초닷새에 나는 집에 앉았고 유다의 장로들은 내 앞에
앉아 있는데 주 여호와의 권능이 거기에서 내게 내리기로

2 내가 보니 불 같은 형상이 있더라 그 허리 아래의 모양은 불 같고 허리 위에
는 광채가 나서 단 쇠 같은데

3 그가 손 같은 것을 펴서 내 머리털 한 모숨을 잡으며 주의 영이 나를 들어
천지 사이로 올리시고 하나님의 환상 가운데에 나를 이끌어 예루살렘으로
가서 안뜰로 들어가는 북향한 문에 이르시니 거기에는 질투의 우상 곧 질투
를 일어나게 하는 우상의 자리가 있는 곳이라

4 이스라엘 하나님의 영광이 거기에 있는데 내가 들에서 본 모습과 같더라

5 그가 내게 이르시되 인자야 이제 너는 눈을 들어 북쪽을 바라보라 하시기로
내가 눈을 들어 북쪽을 바라보니 제단문 어귀 북쪽에 그 질투의 우상이 있
더라

6 그가 또 내게 이르시되 인자야 이스라엘 족속이 행하는 일을 보느냐 그들
이 여기에서 크게 가증한 일을 행하여 나로 내 성소를 멀리 떠나게 하느니
라 너는 다시 다른 큰 가증한 일을 보리라 하시더라

7 그가 나를 이끌고 뜰 문에 이르시기로 내가 본즉 담에 구멍이 있더라

8 그가 내게 이르시되 인자야 너는 이 담을 헐라 하시기로 내가 그 담을 허니
한 문이 있더라

9 또 내게 이르시되 들어가서 그들이 거기에서 행하는 가증하고 악한 일을 보
라 하시기로

10 내가 들어가 보니 각양 곤충과 가증한 짐승과 이스라엘 족속의 모든 우상을
그 사방 벽에 그렸고

11 이스라엘 족속의 장로 중 칠십 명이 그 앞에 섰으며 사반의 아들 야아사
냐도 그 가운데에 섰고 각기 손에 향로를 들었는데 향연이 구름 같이 오
르더라

12 또 내게 이르시되 인자야 이스라엘 족속의 장로들이 각각 그 우상의 방안
어두운 가운데에서 행하는 것을 네가 보았느냐 그들이 이르기를 여호와께
서 우리를 보지 아니하시며 여호와께서 이 땅을 버리셨다 하느니라

13 또 내게 이르시되 너는 다시 그들이 행하는 바 다른 큰 가증한 일을 보리라
하시더라

14 그가 또 나를 데리고 여호와의 전으로 들어가는 북문에 이르시기로 보니 거
기에 여인들이 앉아 담무스를 위하여 애곡하더라

15 그가 또 내게 이르시되 인자야 네가 그것을 보았느냐 너는 또 이보다 더 큰
가증한 일을 보리라 하시더라

16 그가 또 나를 데리고 여호와의 성전 안뜰에 들어가시니라 보라 여호와의 성
전 문 곧 현관과 제단 사이에서 약 스물다섯 명이 여호와의 성전을 등지고
낯을 동쪽으로 향하여 동쪽 태양에게 예배하더라

17 또 내게 이르시되 인자야 네가 보았느냐 유다 족속이 여기에서 행한 가증한
일을 적다 하겠느냐 그들이 그 땅을 폭행으로 채우고 또 다시 내 노여움을
일으키며 심지어 나뭇가지를 그 코에 두었느니라

18 그러므로 나도 분노로 갚아 불쌍히 여기지 아니하며 긍휼을 베풀지도 아니
하리니 그들이 큰 소리로 내 귀에 부르짖을지라도 내가 듣지 아니하리라

년 월 일

9장

예루살렘을 향하여 분노를 쏟으시다

1 또 그가 큰 소리로 내 귀에 외쳐 이르시되 이 성읍을 관할하는 자들이 각기
죽이는 무기를 손에 들고 나아오게 하라 하시더라

2 내가 보니 여섯 사람이 북향한 윗문 길로부터 오는데 각 사람의 손에 죽이
는 무기를 잡았고 그 중의 한 사람은 가는 베 옷을 입고 허리에 서기관의 먹
그릇을 찼더라 그들이 들어와서 놋 제단 곁에 서더라

3 그룹에 머물러 있던 이스라엘 하나님의 영광이 성전 문지방에 이르더니 여
호와께서 그 가는 베 옷을 입고 서기관의 먹 그릇을 찬 사람을 불러

4 여호와께서 이르시되 너는 예루살렘 성읍 중에 순행하여 그 가운데에서 행
하는 모든 가증한 일로 말미암아 탄식하며 우는 자의 이마에 표를 그리라
하시고

5 그들에 대하여 내 귀에 이르시되 너희는 그를 따라 성읍 중에 다니며 불쌍
히 여기지 말며 긍휼을 베풀지 말고 쳐서

6 늙은 자와 젊은 자와 처녀와 어린이와 여자를 다 죽이되 이마에 표 있는 자
에게는 가까이 하지 말라 내 성소에서 시작할지니라 하시매 그들이 성전 앞
에 있는 늙은 자들로부터 시작하더라

7 그가 또 그들에게 이르시되 너희는 성전을 더럽혀 시체로 모든 뜰에 채우라
너희는 나가라 하시매 그들이 나가서 성읍 중에서 치더라

8 그들이 칠 때에 내가 홀로 있었는지라 엎드려 부르짖어 이르되 아하 주 여
호와여 예루살렘을 향하여 분노를 쏟으시오니 이스라엘의 남은 자를 모두
멸하려 하시나이까

9 그가 내게 이르시되 이스라엘과 유다 족속의 죄악이 심히 중하여 그 땅에
피가 가득하며 그 성읍에 불법이 찼나니 이는 그들이 이르기를 여호와께서
이 땅을 버리셨으며 여호와께서 보지 아니하신다 함이라

10 그러므로 내가 그들을 불쌍히 여기지 아니하며 긍휼을 베풀지 아니하고 그
들의 행위대로 그들의 머리에 갚으리라 하시더라

11 보라 가는 베 옷을 입고 허리에 먹 그릇을 찬 사람이 복명하여 이르되 주께
서 내게 명령하신 대로 내가 준행하였나이다 하더라

년 월 일

10장

여호와의 영광이 성전을 떠나시다

1 이에 내가 보니 그룹들 머리 위 궁창에 남보석 같은 것이 나타나는데 그들
위에 보좌의 형상이 있는 것 같더라

2 하나님이 가는 베 옷을 입은 사람에게 말씀하여 이르시되 너는 그룹 밑에
있는 바퀴 사이로 들어가 그 속에서 숯불을 두 손에 가득히 움켜 가지고 성
읍 위에 흩으라 하시매 그가 내 목전에서 들어가더라

3 그 사람이 들어갈 때에 그룹들은 성전 오른쪽에 서 있고 구름은 안뜰에 가
득하며

4 여호와의 영광이 그룹에서 올라와 성전 문지방에 이르니 구름이 성전에 가
득하며 여호와의 영화로운 광채가 뜰에 가득하였고

5 그룹들의 날개 소리는 바깥뜰까지 들리는데 전능하신 하나님이 말씀하시는
음성 같더라

6 하나님이 가는 베 옷을 입은 자에게 명령하시기를 바퀴 사이 곧 그룹들 사
이에서 불을 가져 가라 하셨으므로 그가 들어가 바퀴 옆에 서매

7 그 그룹이 그룹들 사이에서 손을 내밀어 그 그룹들 사이에 있는 불을 집어
가는 베 옷을 입은 자의 손에 주매 그가 받아 가지고 나가는데

8 그룹들의 날개 밑에 사람의 손 같은 것이 나타나더라

9 내가 보니 그룹들 곁에 네 바퀴가 있는데 이 그룹 곁에도 한 바퀴가 있고 저
그룹 곁에도 한 바퀴가 있으며 그 바퀴 모양은 황옥 같으며

10 그 모양은 넷이 꼭 같은데 마치 바퀴 안에 바퀴가 있는 것 같으며

11 그룹들이 나아갈 때에는 사방으로 몸을 돌리지 아니하고 나아가되 몸을 돌
리지 아니하고 그 머리 향한 곳으로 나아가며

12 그 온 몸과 등과 손과 날개와 바퀴 곧 네 그룹의 바퀴의 둘레에 다 눈이 가
득하더라

13 내가 들으니 그 바퀴들을 도는 것이라 부르며

년 월 일

14 그룹들에게는 각기 네 면이 있는데 첫째 면은 그룹의 얼굴이요 둘째 면은
사람의 얼굴이요 셋째는 사자의 얼굴이요 넷째는 독수리의 얼굴이더라
15 그룹들이 올라가니 그들은 내가 그발 강 가에서 보던 생물이라
16 그룹들이 나아갈 때에는 바퀴도 그 곁에서 나아가고 그룹들이 날개를 들고
땅에서 올라가려 할 때에도 바퀴가 그 곁을 떠나지 아니하며
17 그들이 서면 이들도 서고 그들이 올라가면 이들도 함께 올라가니 이는 생물
의 영이 바퀴 가운데에 있음이더라
18 여호와의 영광이 성전 문지방을 떠나서 그룹들 위에 머무르니
19 그룹들이 날개를 들고 내 눈 앞의 땅에서 올라가는데 그들이 나갈 때에 바
퀴도 그 곁에서 함께 하더라 그들이 여호와의 전으로 들어가는 동문에 머물
고 이스라엘 하나님의 영광이 그 위에 덮였더라
20 그것은 내가 그발 강 가에서 보던 이스라엘의 하나님 아래에 있던 생물이라
그들이 그룹인 줄을 내가 아니라
21 각기 네 얼굴과 네 날개가 있으며 날개 밑에는 사람의 손 형상이 있으니
22 그 얼굴의 형상은 내가 그발 강 가에서 보던 얼굴이며 그 모양과 그 몸도 그
러하며 각기 곧게 앞으로 가더라

년 월 일

11장

예루살렘이 심판을 받다

1 그 때에 주의 영이 나를 들어올려서 여호와의 전 동문 곧 동향한 문에 이르
시기로 보니 그 문에 사람이 스물다섯 명이 있는데 내가 그 중에서 앗술
의 아들 야아사냐와 브나야의 아들 블라댜를 보았으니 그들은 백성의 고
관이라

2 그가 내게 이르시되 인자야 이 사람들은 불의를 품고 이 성 중에서 악한 꾀
를 꾸미는 자니라

3 그들의 말이 집 건축할 때가 가깝지 아니한즉 이 성읍은 가마가 되고 우리
는 고기가 된다 하나니

4 그러므로 인자야 너는 그들을 쳐서 예언하고 예언할지니라

5 여호와의 영이 내게 임하여 이르시되 너는 말하기를 여호와의 말씀에 이스
라엘 족속아 너희가 이렇게 말하였도다 너희 마음에서 일어나는 것을 내가
다 아노라

6 너희가 이 성읍에서 많이 죽여 그 거리를 시체로 채웠도다

7 그러므로 주 여호와께서 이같이 말씀하셨느니라 이 성읍 중에서 너희가 죽
인 시체는 그 고기요 이 성읍은 그 가마인데 너희는 그 가운데에서 끌려 나
오리라

8 나 주 여호와가 말하노라 너희가 칼을 두려워하니 내가 칼로 너희에게 이르
게 하고

9 너희를 그 성읍 가운데에서 끌어내어 타국인의 손에 넘겨 너희에게 벌을 내
리리니

10 너희가 칼에 엎드러질 것이라 내가 이스라엘 변경에서 너희를 심판하리니
너희는 내가 여호와인 줄을 알리라

11 이 성읍은 너희 가마가 되지 아니하고 너희는 그 가운데에 고기가 되지 아
니할지라 내가 너희를 이스라엘 변경에서 심판하리니

12 너희는 내가 여호와인 줄을 알리라 너희가 내 율례를 행하지 아니하며 규례
를 지키지 아니하고 너희 사방에 있는 이방인의 규례대로 행하였느니라 하
셨다 하라

13 이에 내가 예언할 때에 브나야의 아들 블라댜가 죽기로 내가 엎드려 큰 소
리로 부르짖어 이르되 오호라 주 여호와여 이스라엘의 남은 자를 다 멸절하
고자 하시나이까 하니라

이스라엘의 회복을 이르시다

14 여호와의 말씀이 내게 임하여 이르시되

15 인자야 예루살렘 주민이 네 형제 곧 네 형제와 친척과 온 이스라엘 족속을
향하여 이르기를 너희는 여호와에게서 멀리 떠나라 이 땅은 우리에게 주어
기업이 되게 하신 것이라 하였나니

16 그런즉 너는 말하기를 주 여호와의 말씀에 내가 비록 그들을 멀리 이방인
가운데로 쫓아내어 여러 나라에 흩었으나 그들이 도달한 나라들에서 내가
잠깐 그들에게 성소가 되리라 하셨다 하고

17 너는 또 말하기를 주 여호와의 말씀에 내가 너희를 만민 가운데에서 모으며
너희를 흩은 여러 나라 가운데에서 모아 내고 이스라엘 땅을 너희에게 주리
라 하셨다 하라

18 그들이 그리로 가서 그 가운데의 모든 미운 물건과 모든 가증한 것을 제거
하여 버릴지라

19 내가 그들에게 한 마음을 주고 그 속에 새 영을 주며 그 몸에서 돌 같은 마
음을 제거하고 살처럼 부드러운 마음을 주어

20 내 율례를 따르며 내 규례를 지켜 행하게 하리니 그들은 내 백성이 되고 나
는 그들의 하나님이 되리라

21 그러나 미운 것과 가증한 것을 마음으로 따르는 자는 내가 그 행위대로 그
머리에 갚으리라 나 주 여호와의 말이니라

년 월 일

여호와의 영광이 떠나시다

22 그 때에 그룹들이 날개를 드는데 바퀴도 그 곁에 있고 이스라엘 하나님의
영광도 그 위에 덮였더니
23 여호와의 영광이 성읍 가운데에서부터 올라가 성읍 동쪽 산에 머무르고
24 주의 영이 나를 들어 하나님의 영의 환상 중에 데리고 갈대아에 있는 사로
잡힌 자 중에 이르시더니 내가 본 환상이 나를 떠나 올라간지라
25 내가 사로잡힌 자에게 여호와께서 내게 보이신 모든 일을 말하니라

12장

포로가 될 것을 나타내는 상징행위

1 또 여호와의 말씀이 내게 임하여 이르시되
2 인자야 네가 반역하는 족속 중에 거주하는도다 그들은 볼 눈이 있어도 보지
아니하고 들을 귀가 있어도 듣지 아니하나니 그들은 반역하는 족속임이라
3 인자야 너는 포로의 행장을 꾸리고 낮에 그들의 목전에서 끌려가라 네가 네
처소를 다른 곳으로 옮기는 것을 그들이 보면 비록 반역하는 족속이라도 혹
생각이 있으리라
4 너는 낮에 그들의 목전에서 네 포로의 행장을 밖에 내놓기를 끌려가는 포로
의 행장 같이 하고 저물 때에 너는 그들의 목전에서 밖으로 나가기를 포로
되어 가는 자 같이 하라
5 너는 그들의 목전에서 성벽을 뚫고 그리로 따라 옮기되
6 캄캄할 때에 그들의 목전에서 어깨에 메고 나가며 얼굴을 가리고 땅을 보지
말지어다 이는 내가 너를 세워 이스라엘 족속에게 징조가 되게 함이라 하시
기로
7 내가 그 명령대로 행하여 낮에 나의 행장을 끌려가는 포로의 행장 같이 내
놓고 저물 때에 내 손으로 성벽을 뚫고 캄캄할 때에 행장을 내다가 그들의
목전에서 어깨에 메고 나가니라

년 월 일

8 이튿날 아침에 여호와의 말씀이 또 내게 임하여 이르시되
9 인자야 이스라엘 족속 곧 그 반역하는 족속이 네게 묻기를 무엇을 하느냐
하지 아니하더냐
10 너는 그들에게 말하기를 주 여호와의 말씀에 이것은 예루살렘 왕과 그 가운
데에 있는 이스라엘 온 족속에 대한 묵시라 하셨다 하고
11 또 말하기를 나는 너희 징조라 내가 행한 대로 그들도 포로로 사로잡혀 가
리라
12 무리가 성벽을 뚫고 행장을 그리로 가지고 나가고 그 중에 왕은 어두울 때
에 어깨에 행장을 메고 나가며 눈으로 땅을 보지 아니하려고 자기 얼굴을
가리리라 하라
13 내가 또 내 그물을 그의 위에 치고 내 올무에 걸리게 하여 그를 끌고 갈대아
땅 바벨론에 이르리니 그가 거기에서 죽으려니와 그 땅을 보지 못하리라
14 내가 그 호위하는 자와 부대들을 다 사방으로 흩고 또 그 뒤를 따라 칼을 빼
리라
15 내가 그들을 이방인 가운데로 흩으며 여러 나라 가운데에 헤친 후에야 내가
여호와인 줄을 그들이 알리라
16 그러나 내가 그 중 몇 사람을 남겨 칼과 기근과 전염병에서 벗어나게 하여
그들이 이르는 이방인 가운데에서 자기의 모든 가증한 일을 자백하게 하리
니 내가 여호와인 줄을 그들이 알리라

떨면서 먹고 마시며 보이는 징조

17 여호와의 말씀이 또 내게 임하여 이르시되
18 인자야 너는 떨면서 네 음식을 먹고 놀라고 근심하면서 네 물을 마시며
19 이 땅 백성에게 말하되 주 여호와께서 예루살렘 주민과 이스라엘 땅에 대하
여 이르시기를 그들이 근심하면서 그 음식을 먹으며 놀라면서 그 물을 마실
것은 이 땅 모든 주민의 포악으로 말미암아 땅에 가득한 것이 황폐하게 됨
이라

년 월 일

20 사람이 거주하는 성읍들이 황폐하며 땅이 적막하리니 내가 여호와인 줄을
너희가 알리라 하셨다 하라

속담과 묵시

21 여호와의 말씀이 또 내게 임하여 이르시되

22 인자야 이스라엘 땅에서 이르기를 날이 더디고 모든 묵시가 사라지리라 하
는 너희의 이 속담이 어찌 됨이냐

23 그러므로 너는 그들에게 이르기를 주 여호와께서 이같이 말씀하시기를 내
가 이 속담을 그치게 하리니 사람이 다시는 이스라엘 가운데에서 이 속담을
사용하지 못하리라 하셨다 하고 또 그들에게 이르기를 날과 모든 묵시의 응
함이 가까우니

24 이스라엘 족속 중에 허탄한 묵시나 아첨하는 복술이 다시 있지 못하리라
하라

25 나는 여호와라 내가 말하리니 내가 하는 말이 다시는 더디지 아니하고 응하
리라 반역하는 족속이여 내가 너희 생전에 말하고 이루리라 나 주 여호와의
말이니라 하셨다 하라

26 여호와의 말씀이 또 내게 임하여 이르시되

27 인자야 이스라엘 족속의 말이 그가 보는 묵시는 여러 날 후의 일이라 그가
멀리 있는 때에 대하여 예언하였다 하느니라

28 그러므로 너는 그들에게 이르기를 주 여호와의 말씀에 나의 말이 하나도 다
시 더디지 아니할지니 내가 한 말이 이루어지리라 나 주 여호와의 말이니라
하셨다 하라

13장

거짓 선지자의 종말

1 여호와의 말씀이 내게 임하여 이르시되
2 인자야 너는 이스라엘의 예언하는 선지자들에게 경고하여 예언하되 자기
마음대로 예언하는 자에게 말하기를 너희는 여호와의 말씀을 들으라
3 주 여호와의 말씀에 본 것이 없이 자기 심령을 따라 예언하는 어리석은 선
지자에게 화가 있을진저
4 이스라엘아 너의 선지자들은 황무지에 있는 여우 같으니라
5 너희 선지자들이 성 무너진 곳에 올라가지도 아니하였으며 이스라엘 족속
을 위하여 여호와의 날에 전쟁에서 견디게 하려고 성벽을 수축하지도 아니
하였느니라
6 여호와께서 말씀하셨다고 하는 자들이 허탄한 것과 거짓된 점괘를 보며 사
람들에게 그 말이 확실히 이루어지기를 바라게 하거니와 그들은 여호와가
보낸 자가 아니라
7 너희가 말하기는 여호와의 말씀이라 하여도 내가 말한 것이 아닌즉 어찌 허
탄한 묵시를 보며 거짓된 점괘를 말한 것이 아니냐
8 그러므로 주 여호와께서 이같이 말씀하셨느니라 너희가 허탄한 것을 말하
며 거짓된 것을 보았은즉 내가 너희를 치리라 주 여호와의 말씀이니라
9 그 선지자들이 허탄한 묵시를 보며 거짓 것을 점쳤으니 내 손이 그들을 쳐
서 내 백성의 공회에 들어오지 못하게 하며 이스라엘 족속의 호적에도 기록
되지 못하게 하며 이스라엘 땅에도 들어가지 못하게 하리니 너희가 나를 여
호와인 줄 알리라
10 이렇게 칠 것은 그들이 내 백성을 유혹하여 평강이 없으나 평강이 있다 함
이라 어떤 사람이 담을 쌓을 때에 그들이 회칠을 하는도다
11 그러므로 너는 회칠하는 자에게 이르기를 그것이 무너지리라 폭우가 내리
며 큰 우박덩이가 떨어지며 폭풍이 몰아치리니

년 월 일

12 그 담이 무너진즉 어떤 사람이 너희에게 말하기를 그것에 칠한 회가 어디
있느냐 하지 아니하겠느냐

13 그러므로 나 주 여호와가 말하노라 내가 분노하여 폭풍을 퍼붓고 내가 진노
하여 폭우를 내리고 분노하여 큰 우박덩어리로 무너뜨리리라

14 회칠한 담을 내가 이렇게 허물어서 땅에 넘어뜨리고 그 기초를 드러낼 것이
라 담이 무너진즉 너희가 그 가운데에서 망하리니 나를 여호와인 줄 알리라

15 이와 같이 내가 내 노를 담과 회칠한 자에게 모두 이루고 또 너희에게 말하
기를 담도 없어지고 칠한 자들도 없어졌다 하리니

16 이들은 예루살렘에 대하여 예언하기를 평강이 없으나 평강의 묵시를 보았
다고 하는 이스라엘의 선지자들이니라 주 여호와의 말씀이니라

거짓말로 예언하는 여자들

17 너 인자야 너의 백성 중 자기 마음대로 예언하는 여자들에게 경고하며 예언
하여

18 이르기를 주 여호와의 말씀에 사람의 영혼을 사냥하려고 손목마다 부적을
꿰어 매고 키가 큰 자나 작은 자의 머리를 위하여 수건을 만드는 여자들에
게 화 있을진저 너희가 어찌하여 내 백성의 영혼은 사냥하면서 자기를 위하
여는 영혼을 살리려 하느냐

19 너희가 두어 움큼 보리와 두어 조각 떡을 위하여 나를 내 백성 가운데에서
욕되게 하여 거짓말을 곧이 듣는 내 백성에게 너희가 거짓말을 지어내어 죽
지 아니할 영혼을 죽이고 살지 못할 영혼을 살리는도다

20 그러므로 나 주 여호와가 이같이 말하노라 너희가 새를 사냥하듯 영혼들을
사냥하는 그 부적을 내가 너희 팔에서 떼어 버리고 너희가 새처럼 사냥한
그 영혼들을 놓아 주며

21 또 너희 수건을 찢고 내 백성을 너희 손에서 건지고 다시는 너희 손에 사냥
물이 되지 아니하게 하리니 내가 여호와인 줄을 너희가 알리라

년 월 일

22 내가 슬프게 하지 아니한 의인의 마음을 너희가 거짓말로 근심하게 하며 너
희가 또 악인의 손을 굳게 하여 그 악한 길에서 돌이켜 떠나 삶을 얻지 못하
게 하였은즉

23 너희가 다시는 허탄한 묵시를 보지 못하고 점복도 못할지라 내가 내 백성을
너희 손에서 건져내리니 내가 여호와인 줄을 너희가 알리라 하라

14장

여호와께서 우상 숭배를 심판하시다

1 이스라엘 장로 두어 사람이 나아와 내 앞에 앉으니

2 여호와의 말씀이 내게 임하여 이르시되

3 인자야 이 사람들이 자기 우상을 마음에 들이며 죄악의 걸림돌을 자기 앞에
두었으니 그들이 내게 묻기를 내가 조금인들 용납하랴

4 그런즉 너는 그들에게 말하여 이르라 나 주 여호와가 말하노라 이스라엘 족
속 중에 그 우상을 마음에 들이며 죄악의 걸림돌을 자기 앞에 두고 선지자
에게로 가는 모든 자에게 나 여호와가 그 우상의 수효대로 보응하리니

5 이는 이스라엘 족속이 다 그 우상으로 말미암아 나를 배반하였으므로 내가
그들이 마음먹은 대로 그들을 잡으려 함이라

6 그런즉 너는 이스라엘 족속에게 이르기를 주 여호와의 말씀에 너희는 마음
을 돌이켜 우상을 떠나고 얼굴을 돌려 모든 가증한 것을 떠나라

7 이스라엘 족속과 이스라엘 가운데에 거류하는 외국인 중에 누구든지 나를
떠나고 자기 우상을 마음에 들이며 죄악의 걸림돌을 자기 앞에 두고 자기를
위하여 내게 묻고자 하여 선지자에게 가는 모든 자에게는 나 여호와가 친히
응답하여

8 그 사람을 대적하여 그들을 놀라움과 표징과 속담 거리가 되게 하여 내 백
성 가운데에서 끊으리니 내가 여호와인 줄을 너희가 알리라

년 월 일

9 만일 선지자가 유혹을 받고 말을 하면 나 여호와가 그 선지자를 유혹을 받게 하였음이거니와 내가 손을 펴서 내 백성 이스라엘 가운데에서 그를 멸할 것이라

10 선지자의 죄악과 그에게 묻는 자의 죄악이 같은즉 각각 자기의 죄악을 담당하리니

11 이는 이스라엘 족속이 다시는 미혹되어 나를 떠나지 아니하게 하며 다시는 모든 죄로 스스로 더럽히지 아니하게 하여 그들을 내 백성으로 삼고 나는 그들의 하나님이 되려 함이라 주 여호와의 말씀이니라

의인도 자기의 생명만 건지리라

12 여호와의 말씀이 또 내게 임하여 이르시되

13 인자야 가령 어떤 나라가 불법을 행하여 내게 범죄하므로 내가 손을 그 위에 펴서 그 의지하는 양식을 끊어 기근을 내려 사람과 짐승을 그 나라에서 끊는다 하자

14 비록 노아, 다니엘, 욥, 이 세 사람이 거기에 있을지라도 그들은 자기의 공의로 자기의 생명만 건지리라 나 주 여호와의 말이니라

15 가령 내가 사나운 짐승을 그 땅에 다니게 하여 그 땅을 황폐하게 하여 사람이 그 짐승 때문에 능히 다니지 못하게 한다 하자

16 비록 이 세 사람이 거기에 있을지라도 나의 삶을 두고 맹세하노니 그들도 자녀는 건지지 못하고 자기만 건지겠고 그 땅은 황폐하리라 주 여호와의 말씀이니라

17 가령 내가 칼이 그 땅에 임하게 하고 명령하기를 칼아 그 땅에 돌아다니라 하고 내가 사람과 짐승을 거기에서 끊는다 하자

18 비록 이 세 사람이 거기에 있을지라도 나의 삶을 두고 맹세하노니 그들도 자녀는 건지지 못하고 자기만 건지리라 나 주 여호와의 말이니라

19 가령 내가 그 땅에 전염병을 내려 죽임으로 내 분노를 그 위에 쏟아 사람과 짐승을 거기에서 끊는다 하자

20 비록 노아, 다니엘, 욥이 거기에 있을지라도 나의 삶을 두고 맹세하노니 그
들도 자녀는 건지지 못하고 자기의 공의로 자기의 생명만 건지리라 주 여호
와의 말씀이니라

21 주 여호와께서 이같이 이르시되 내가 나의 네 가지 중한 벌 곧 칼과 기근과
사나운 짐승과 전염병을 예루살렘에 함께 내려 사람과 짐승을 그 중에서 끊
으리니 그 해가 더욱 심하지 아니하겠느냐

22 그러나 그 가운데에 피하는 자가 남아 있어 끌려 나오리니 곧 자녀들이라
그들이 너희에게로 나아오리니 너희가 그 행동과 소행을 보면 내가 예루살
렘에 내린 재앙 곧 그 내린 모든 일에 대하여 너희가 위로를 받을 것이라

23 너희가 그 행동과 소행을 볼 때에 그들에 의해 위로를 받고 내가 예루살렘
에서 행한 모든 일이 이유 없이 한 것이 아닌 줄을 알리라 주 여호와의 말씀
이니라

15장

불에 던질 땔감 같은 예루살렘 주민

1 여호와의 말씀이 내게 임하여 이르시되

2 인자야 포도나무가 모든 나무보다 나은 것이 무엇이랴 숲속의 여러 나무 가운데에 있는 그 포도나무 가지가 나은 것이 무엇이랴

3 그 나무를 가지고 무엇을 제조할 수 있겠느냐 그것으로 무슨 그릇을 걸 못을 만들 수 있겠느냐

4 불에 던질 땔감이 될 뿐이라 불이 그 두 끝을 사르고 그 가운데도 태웠으면 제조에 무슨 소용이 있겠느냐

5 그것이 온전할 때에도 아무 제조에 합당하지 아니하였거든 하물며 불에 살라지고 탄 후에 어찌 제조에 합당하겠느냐

6 그러므로 주 여호와께서 이같이 말씀하셨느니라 내가 수풀 가운데에 있는 포도나무를 불에 던질 땔감이 되게 한 것 같이 내가 예루살렘 주민도 그같이 할지라

7 내가 그들을 대적한즉 그들이 그 불에서 나와도 불이 그들을 사르리니 내가 그들을 대적할 때에 내가 여호와인 줄 너희가 알리라

8 내가 그 땅을 황폐하게 하리니 이는 그들이 범법함이니라 나 주 여호와의 말이니라 하시니라

년 월 일

16장

가증한 예루살렘

1 또 여호와의 말씀이 내게 임하여 이르시되

2 인자야 예루살렘으로 그 가증한 일을 알게 하여

3 이르기를 주 여호와께서 예루살렘에 관하여 이같이 말씀하시되 네 근본과
난 땅은 가나안이요 네 아버지는 아모리 사람이요 네 어머니는 헷 사람이라

4 네가 난 것을 말하건대 네가 날 때에 네 배꼽 줄을 자르지 아니하였고 너를
물로 씻어 정결하게 하지 아니하였고 네게 소금을 뿌리지 아니하였고 너를
강보로 싸지도 아니하였나니

5 아무도 너를 돌보아 이 중에 한 가지라도 네게 행하여 너를 불쌍히 여긴 자
가 없었으므로 네가 나던 날에 네 몸이 천하게 여겨져 네가 들에 버려졌느
니라

6 내가 네 곁으로 지나갈 때에 네가 피투성이가 되어 발짓하는 것을 보고 네
게 이르기를 너는 피투성이라도 살아 있으라 다시 이르기를 너는 피투성이
라도 살아 있으라 하고

7 내가 너를 들의 풀 같이 많게 하였더니 네가 크게 자라고 심히 아름다우며
유방이 뚜렷하고 네 머리털이 자랐으나 네가 여전히 벌거벗은 알몸이더라

8 내가 네 곁으로 지나며 보니 네 때가 사랑을 할 만한 때라 내 옷으로 너를
덮어 벌거벗은 것을 가리고 네게 맹세하고 언약하여 너를 내게 속하게 하였
느니라 나 주 여호와의 말이니라

9 내가 물로 네 피를 씻어 없애고 네게 기름을 바르고

10 수 놓은 옷을 입히고 물돼지 가죽신을 신기고 가는 베로 두르고 모시로 덧
입히고

11 패물을 채우고 팔고리를 손목에 끼우고 목걸이를 목에 걸고

12 코고리를 코에 달고 귀고리를 귀에 달고 화려한 왕관을 머리에 씌웠나니

13 이와 같이 네가 금, 은으로 장식하고 가는 베와 모시와 수 놓은 것을 입으며
또 고운 밀가루와 꿀과 기름을 먹음으로 극히 곱고 형통하여 왕후의 지위에
올랐느니라

년 월 일

14 네 화려함으로 말미암아 네 명성이 이방인 중에 퍼졌음은 내가 네게 입힌
영화로 네 화려함이 온전함이라 나 주 여호와의 말이니라

15 그러나 네가 네 화려함을 믿고 네 명성을 가지고 행음하되 지나가는 모든
자와 더불어 음란을 많이 행하므로 네 몸이 그들의 것이 되도다

16 네가 네 의복을 가지고 너를 위하여 각색으로 산당을 꾸미고 거기에서 행음
하였나니 이런 일은 전무후무하니라

17 네가 또 내가 준 금, 은 장식품으로 너를 위하여 남자 우상을 만들어 행음하
며

18 또 네 수 놓은 옷을 그 우상에게 입히고 나의 기름과 향을 그 앞에 베풀며

19 또 내가 네게 주어 먹게 한 내 음식물 곧 고운 밀가루와 기름과 꿀을 네가
그 앞에 베풀어 향기를 삼았나니 과연 그렇게 하였느니라 주 여호와의 말씀
이니라

20 또 네가 나를 위하여 낳은 네 자녀를 그들에게 데리고 가서 드려 제물로 삼
아 불살랐느니라 네가 네 음행을 작은 일로 여겨서

21 나의 자녀들을 죽여 우상에게 넘겨 불 가운데로 지나가게 하였느냐

22 네가 어렸을 때에 벌거벗은 몸이었으며 피투성이가 되어서 발짓하던 것을
기억하지 아니하고 네가 모든 가증한 일과 음란을 행하였느니라

방자한 음녀 예루살렘

23 주 여호와의 말씀이니라 너는 화 있을진저 화 있을진저 네가 모든 악을 행
한 후에

24 너를 위하여 누각을 건축하며 모든 거리에 높은 대를 쌓았도다

25 네가 높은 대를 모든 길 어귀에 쌓고 네 아름다움을 가증하게 하여 모든 지
나가는 자에게 다리를 벌려 심히 음행하고

26 하체가 큰 네 이웃 나라 애굽 사람과도 음행하되 심히 음란히 하여 내 진노
를 샀도다

27 그러므로 내가 내 손을 네 위에 펴서 네 일용할 양식을 감하고 너를 미워하
는 블레셋 여자 곧 네 더러운 행실을 부끄러워하는 자에게 너를 넘겨 임의
로 하게 하였거늘

28 네가 음욕이 차지 아니하여 또 앗수르 사람과 행음하고 그들과 행음하고도
아직도 부족하게 여겨

29 장사하는 땅 갈대아에까지 심히 행음하되 아직도 족한 줄을 알지 못하였느
니라

30 주 여호와의 말씀이니라 네가 이 모든 일을 행하니 이는 방자한 음녀의 행
위라 네 마음이 어찌 그리 약한지

31 네가 누각을 모든 길 어귀에 건축하며 높은 대를 모든 거리에 쌓고도 값을
싫어하니 창기 같지도 아니하도다

32 그 남편 대신에 다른 남자들과 내통하여 간음하는 아내로다

33 사람들은 모든 창기에게 선물을 주거늘 오직 너는 네 모든 정든 자에게 선
물을 주며 값을 주어서 사방에서 와서 너와 행음하게 하니

34 네 음란함이 다른 여인과 같지 아니함은 행음하려고 너를 따르는 자가 없음
이며 또 네가 값을 받지 아니하고 도리어 값을 줌이라 그런즉 다른 여인과
같지 아니하니라

예루살렘을 벌하시다

35 그러므로 너 음녀야 여호와의 말씀을 들을지어다

36 주 여호와께서 이같이 말씀하셨느니라 네가 네 누추한 것을 쏟으며 네 정
든 자와 행음함으로 벗은 몸을 드러내며 또 가증한 우상을 위하며 네 자녀
의 피를 그 우상에게 드렸은즉

37 내가 너의 즐거워하는 정든 자와 사랑하던 모든 자와 미워하던 모든 자를
모으되 사방에서 모아 너를 대적하게 할 것이요 또 네 벗은 몸을 그 앞에 드
러내 그들이 그것을 다 보게 할 것이며

년 월 일

38 내가 또 간음하고 사람의 피를 흘리는 여인을 심판함 같이 너를 심판하여
진노의 피와 질투의 피를 네게 돌리고
39 내가 또 너를 그들의 손에 넘기리니 그들이 네 누각을 헐며 네 높은 대를 부
수며 네 의복을 벗기고 네 장식품을 빼앗고 네 몸을 벌거벗겨 버려 두며
40 무리를 데리고 와서 너를 돌로 치며 칼로 찌르며
41 불로 네 집들을 사르고 여러 여인의 목전에서 너를 벌할지라 내가 너에게
곧 음행을 그치게 하리니 네가 다시는 값을 주지 아니하리라
42 그리한즉 나는 네게 대한 내 분노가 그치며 내 질투가 네게서 떠나고 마음
이 평안하여 다시는 노하지 아니하리라
43 네가 어렸을 때를 기억하지 아니하고 이 모든 일로 나를 분노하게 하였은즉
내가 네 행위대로 네 머리에 보응하리니 네가 이 음란과 네 모든 가증한 일
을 다시는 행하지 아니하리라 주 여호와의 말씀이니라

그 어머니에 그 딸

44 속담을 말하는 자마다 네게 대하여 속담을 말하기를 어머니가 그러하면 딸
도 그러하다 하리라
45 너는 그 남편과 자녀를 싫어한 어머니의 딸이요 너는 그 남편과 자녀를 싫
어한 형의 동생이로다 네 어머니는 헷 사람이요 네 아버지는 아모리 사람이
며
46 네 형은 그 딸들과 함께 네 왼쪽에 거주하는 사마리아요 네 아우는 그 딸들
과 함께 네 오른쪽에 거주하는 소돔이라
47 네가 그들의 행위대로만 행하지 아니하며 그 가증한 대로만 행하지 아니하
고 그것을 적게 여겨서 네 모든 행위가 그보다 더욱 부패하였도다
48 주 여호와의 말씀이니라 내가 나의 삶을 두고 맹세하노니 네 아우 소돔 곧
그와 그의 딸들은 너와 네 딸들의 행위 같이 행하지 아니하였느니라
49 네 아우 소돔의 죄악은 이러하니 그와 그의 딸들에게 교만함과 음식물의 풍족
함과 태평함이 있음이며 또 그가 가난하고 궁핍한 자를 도와 주지 아니하며

년 월 일

50 거만하여 가증한 일을 내 앞에서 행하였음이라 그러므로 내가 보고 곧 그들
을 없이 하였느니라

51 사마리아는 네 죄의 절반도 범하지 아니하였느니라 네가 그들보다 가증한
일을 심히 행하였으므로 네 모든 가증한 행위로 네 형과 아우를 의롭게 하
였느니라

52 네가 네 형과 아우를 유리하게 판단하였은즉 너도 네 수치를 담당할지니라
네가 그들보다 더욱 가증한 죄를 범하므로 그들이 너보다 의롭게 되었나니
네가 네 형과 아우를 의롭게 하였은즉 너는 놀라며 네 수치를 담당할지니라

소돔과 사마리아도 회복되리라

53 내가 그들의 사로잡힘 곧 소돔과 그의 딸들의 사로잡힘과 사마리아와 그의
딸들의 사로잡힘과 그들 중에 너의 사로잡힌 자의 사로잡힘을 풀어 주어

54 네가 네 수욕을 담당하고 네가 행한 모든 일로 말미암아 부끄럽게 하리니
이는 네가 그들에게 위로가 됨이라

55 네 아우 소돔과 그의 딸들이 옛 지위를 회복할 것이요 사마리아와 그의 딸
들도 그의 옛 지위를 회복할 것이며 너와 네 딸들도 너희 옛 지위를 회복할
것이니라

56 네가 교만하던 때에 네 아우 소돔을 네 입으로 말하지도 아니하였나니

57 곧 네 악이 드러나기 전이며 아람의 딸들이 너를 능욕하기 전이며 너의 사
방에 둘러 있는 블레셋의 딸들이 너를 멸시하기 전이니라

58 네 음란과 네 가증한 일을 네가 담당하였느니라 나 여호와의 말이니라

59 나 주 여호와가 이같이 말하노라 네가 맹세를 멸시하여 언약을 배반하였은
즉 내가 네 행한 대로 네게 행하리라

영원한 언약

60 그러나 내가 너의 어렸을 때에 너와 세운 언약을 기억하고 너와 영원한 언
약을 세우리라

61 네가 네 형과 아우를 접대할 때에 네 행위를 기억하고 부끄러워할 것이라 내가 그들을 네게 딸로 주려니와 네 언약으로 말미암음이 아니니라

62 내가 네게 내 언약을 세워 내가 여호와인 줄 네가 알게 하리니

63 이는 내가 네 모든 행한 일을 용서한 후에 네가 기억하고 놀라고 부끄러워서 다시는 입을 열지 못하게 하려 함이니라 주 여호와의 말씀이니라

17장

독수리와 포도나무의 비유

1 여호와의 말씀이 내게 임하여 이르시되

2 인자야 너는 이스라엘 족속에게 수수께끼와 비유를 말하라

3 여호와께서 이같이 말씀하여 이르시되 색깔이 화려하고 날개가 크고 깃이 길고 털이 숱한 큰 독수리가 레바논에 이르러 백향목 높은 가지를 꺾되

4 그 연한 가지 끝을 꺾어 가지고 장사하는 땅에 이르러 상인의 성읍에 두고

5 또 그 땅의 종자를 꺾어 옥토에 심되 수양버들 가지처럼 큰 물 가에 심더니

6 그것이 자라며 퍼져서 높지 아니한 포도나무 곧 굵은 가지와 가는 가지가 난 포도나무가 되어 그 가지는 독수리를 향하였고 그 뿌리는 독수리 아래에 있었더라

7 또 날개가 크고 털이 많은 큰 독수리 하나가 있었는데 그 포도나무가 이 독수리에게 물을 받으려고 그 심어진 두둑에서 그를 향하여 뿌리가 뻗고 가지가 퍼졌도다

8 그 포도나무를 큰 물 가 옥토에 심은 것은 가지를 내고 열매를 맺어서 아름다운 포도나무를 이루게 하려 하였음이라

9 너는 이르기를 주 여호와의 말씀에 그 나무가 능히 번성하겠느냐 이 독수리가 어찌 그 뿌리를 빼고 열매를 따며 그 나무가 시들게 하지 아니하겠으며 그 연한 잎사귀가 마르게 하지 아니하겠느냐 많은 백성이나 강한 팔이 아니라도 그 뿌리를 뽑으리라

년 월 일

10 볼지어다 그것이 심어졌으나 번성하겠느냐 동풍에 부딪힐 때에 아주 마르
지 아니하겠느냐 그 자라던 두둑에서 마르리라 하셨다 하라

비유의 해석

11 여호와의 말씀이 또 내게 임하여 이르시되

12 너는 반역하는 족속에게 묻기를 너희가 이 비유를 깨닫지 못하겠느냐 하고
그들에게 말하기를 바벨론 왕이 예루살렘에 이르러 왕과 고관을 사로잡아
바벨론 자기에게로 끌어 가고

13 그 왕족 중에서 하나를 택하여 언약을 세우고 그에게 맹세하게 하고 또 그
땅의 능한 자들을 옮겨 갔나니

14 이는 나라를 낮추어 스스로 서지 못하고 그 언약을 지켜야 능히 서게 하려
하였음이거늘

15 그가 사절을 애굽에 보내 말과 군대를 구함으로 바벨론 왕을 배반하였으니
형통하겠느냐 이런 일을 행한 자가 피하겠느냐 언약을 배반하고야 피하겠
느냐

16 주 여호와의 말씀이니라 내가 나의 삶을 두고 맹세하노니 바벨론 왕이 그를
왕으로 세웠거늘 그가 맹세를 저버리고 언약을 배반하였은즉 그 왕이 거주
하는 곳 바벨론에서 왕과 함께 있다가 죽을 것이라

17 대적이 토성을 쌓고 사다리를 세우고 많은 사람을 멸절하려 할 때에 바로가
그 큰 군대와 많은 무리로도 그 전쟁에 그를 도와 주지 못하리라

18 그가 이미 손을 내밀어 언약하였거늘 맹세를 업신여겨 언약을 배반하고 이
모든 일을 행하였으니 피하지 못하리라

19 그러므로 주 여호와의 말씀이니라 내가 나의 삶을 두고 맹세하노니 그가 내
맹세를 업신여기고 내 언약을 배반하였은즉 내가 그 죄를 그 머리에 돌리되

20 그 위에 내 그물을 치며 내 올무에 걸리게 하여 끌고 바벨론으로 가서 나를
반역한 그 반역을 거기에서 심판할지며

21 그 모든 군대에서 도망한 자들은 다 칼에 엎드러질 것이요 그 남은 자는 사
방으로 흩어지리니 나 여호와가 이것을 말한 줄을 너희가 알리라

높은 나무를 낮추고

22 주 여호와께서 이같이 말씀하시되 내가 백향목 꼭대기에서 높은 가지를 꺾
어다가 심으리라 내가 그 높은 새 가지 끝에서 연한 가지를 꺾어 높고 우뚝
솟은 산에 심되

23 이스라엘 높은 산에 심으리니 그 가지가 무성하고 열매를 맺어서 아름다운
백향목이 될 것이요 각종 새가 그 아래에 깃들이며 그 가지 그늘에 살리라

24 들의 모든 나무가 나 여호와는 높은 나무를 낮추고 낮은 나무를 높이며 푸
른 나무를 말리고 마른 나무를 무성하게 하는 줄 알리라 나 여호와는 말하
고 이루느니라 하라

18장

아버지의 죄악과 아들의 의

1 또 여호와의 말씀이 내게 임하여 이르시되

2 너희가 이스라엘 땅에 관한 속담에 이르기를 아버지가 신 포도를 먹었으므
로 그의 아들의 이가 시다고 함은 어찌 됨이냐

3 주 여호와의 말씀이니라 내가 나의 삶을 두고 맹세하노니 너희가 이스라엘
가운데에서 다시는 이 속담을 쓰지 못하게 되리라

4 모든 영혼이 다 내게 속한지라 아버지의 영혼이 내게 속함 같이 그의 아들
의 영혼도 내게 속하였나니 범죄하는 그 영혼은 죽으리라

5 사람이 만일 의로워서 정의와 공의를 따라 행하며

6 산 위에서 제물을 먹지 아니하며 이스라엘 족속의 우상에게 눈을 들지 아니
하며 이웃의 아내를 더럽히지 아니하며 월경 중에 있는 여인을 가까이 하지
아니하며

년 월 일

7 사람을 학대하지 아니하며 빚진 자의 저당물을 돌려 주며 강탈하지 아니하며 주린 자에게 음식물을 주며 벗은 자에게 옷을 입히며

8 변리를 위하여 꾸어 주지 아니하며 이자를 받지 아니하며 스스로 손을 금하여 죄를 짓지 아니하며 사람과 사람 사이에 진실하게 판단하며

9 내 율례를 따르며 내 규례를 지켜 진실하게 행할진대 그는 의인이니 반드시 살리라 주 여호와의 말씀이니라

10 가령 그가 아들을 낳았다 하자 그 아들이 이 모든 선은 하나도 행하지 아니하고 이 죄악 중 하나를 범하여 강포하거나 살인하거나

11 산 위에서 제물을 먹거나 이웃의 아내를 더럽히거나

12 가난하고 궁핍한 자를 학대하거나 강탈하거나 빚진 자의 저당물을 돌려 주지 아니하거나 우상에게 눈을 들거나 가증한 일을 행하거나

13 변리를 위하여 꾸어 주거나 이자를 받거나 할진대 그가 살겠느냐 결코 살지 못하리니 이 모든 가증한 일을 행하였은즉 반드시 죽을지라 자기의 피가 자기에게로 돌아가리라

14 또 가령 그가 아들을 낳았다 하자 그 아들이 그 아버지가 행한 모든 죄를 보고 두려워하여 그대로 행하지 아니하고

15 산 위에서 제물을 먹지도 아니하며 이스라엘 족속의 우상에게 눈을 들지도 아니하며 이웃의 아내를 더럽히지도 아니하며

16 사람을 학대하지도 아니하며 저당을 잡지도 아니하며 강탈하지도 아니하고 주린 자에게 음식물을 주며 벗은 자에게 옷을 입히며

17 손을 금하여 가난한 자를 압제하지 아니하며 변리나 이자를 받지 아니하여 내 규례를 지키며 내 율례를 행할진대 이 사람은 그의 아버지의 죄악으로 죽지 아니하고 반드시 살겠고

18 그의 아버지는 심히 포학하여 그 동족을 강탈하고 백성들 중에서 선을 행하지 아니하였으므로 그는 그의 죄악으로 죽으리라

년 월 일

19 그런데 너희는 이르기를 아들이 어찌 아버지의 죄를 담당하지 아니하겠느
냐 하는도다 아들이 정의와 공의를 행하며 내 모든 율례를 지켜 행하였으면
그는 반드시 살려니와

20 범죄하는 그 영혼은 죽을지라 아들은 아버지의 죄악을 담당하지 아니할 것
이요 아버지는 아들의 죄악을 담당하지 아니하리니 의인의 공의도 자기에
게로 돌아가고 악인의 악도 자기에게로 돌아가리라

21 그러나 악인이 만일 그가 행한 모든 죄에서 돌이켜 떠나 내 모든 율례를 지
키고 정의와 공의를 행하면 반드시 살고 죽지 아니할 것이라

22 그 범죄한 것이 하나도 기억함이 되지 아니하리니 그가 행한 공의로 살리라

23 주 여호와의 말씀이니라 내가 어찌 악인이 죽는 것을 조금인들 기뻐하랴 그
가 돌이켜 그 길에서 떠나 사는 것을 어찌 기뻐하지 아니하겠느냐

24 만일 의인이 돌이켜 그 공의에서 떠나 범죄하고 악인이 행하는 모든 가증한
일대로 행하면 살겠느냐 그가 행한 공의로운 일은 하나도 기억함이 되지 아
니하리니 그가 그 범한 허물과 그 지은 죄로 죽으리라

25 그런데 너희는 이르기를 주의 길이 공평하지 아니하다 하는도다 이스라엘
족속아 들을지어다 내 길이 어찌 공평하지 아니하냐 너희 길이 공평하지 아
니한 것이 아니냐

26 만일 의인이 그 공의를 떠나 죄악을 행하고 그로 말미암아 죽으면 그 행한
죄악으로 말미암아 죽는 것이요

27 만일 악인이 그 행한 악을 떠나 정의와 공의를 행하면 그 영혼을 보전하리
라

28 그가 스스로 헤아리고 그 행한 모든 죄악에서 돌이켜 떠났으니 반드시 살고
죽지 아니하리라

29 그런데 이스라엘 족속은 이르기를 주의 길이 공평하지 아니하다 하는도다
이스라엘 족속아 나의 길이 어찌 공평하지 아니하냐 너희 길이 공평하지 아
니한 것 아니냐

년 월 일

30 주 여호와의 말씀이니라 이스라엘 족속아 내가 너희 각 사람이 행한 대로
심판할지라 너희는 돌이켜 회개하고 모든 죄에서 떠날지어다 그리한즉 그
것이 너희에게 죄악의 걸림돌이 되지 아니하리라

31 너희는 너희가 범한 모든 죄악을 버리고 마음과 영을 새롭게 할지어다 이스
라엘 족속아 너희가 어찌하여 죽고자 하느냐

32 주 여호와의 말씀이니라 죽을 자가 죽는 것도 내가 기뻐하지 아니하노니 너
희는 스스로 돌이키고 살지니라

19장

애가

1 너는 이스라엘 고관들을 위하여 애가를 지어

2 부르라 네 어머니는 무엇이냐 암사자라 그가 사자들 가운데에 엎드려 젊은
사자 중에서 그 새끼를 기르는데

3 그 새끼 하나를 키우매 젊은 사자가 되어 먹이 물어뜯기를 배워 사람을 삼
키매

4 이방이 듣고 함정으로 그를 잡아 갈고리로 꿰어 끌고 애굽 땅으로 간지라

5 암사자가 기다리다가 소망이 끊어진 줄을 알고 그 새끼 하나를 또 골라 젊
은 사자로 키웠더니

6 젊은 사자가 되매 여러 사자 가운데에 왕래하며 먹이 물어뜯기를 배워 사람
을 삼키며

7 그의 궁궐들을 헐고 성읍들을 부수니 그 우는 소리로 말미암아 땅과 그 안
에 가득한 것이 황폐한지라

8 이방이 포위하고 있는 지방에서 그를 치러 와서 그의 위에 그물을 치고 함
정에 잡아

년 월 일

9 우리에 넣고 갈고리를 꿰어 끌고 바벨론 왕에게 이르렀나니 그를 옥에 가두
어 그 소리가 다시 이스라엘 산에 들리지 아니하게 하려 함이라
10 네 피의 어머니는 물 가에 심겨진 포도나무 같아서 물이 많으므로 열매가
많고 가지가 무성하며
11 그 가지들은 강하여 권세 잡은 자의 규가 될 만한데 그 하나의 키가 굵은 가
지 가운데에서 높았으며 많은 가지 가운데에서 뛰어나 보이다가
12 분노 중에 뽑혀서 땅에 던짐을 당하매 그 열매는 동풍에 마르고 그 강한 가
지들은 꺾이고 말라 불에 탔더니
13 이제는 광야, 메마르고 가물이 든 땅에 심어진 바 되고
14 불이 그 가지 중 하나에서부터 나와 그 열매를 태우니 권세 잡은 자의 규가
될 만한 강한 가지가 없도다 하라 이것이 애가라 후에도 애가가 되리라

20장

하나님의 뜻, 이스라엘의 반역

1 일곱째 해 다섯째 달 열째 날에 이스라엘 장로 여러 사람이 여호와께 물으
려고 와서 내 앞에 앉으니
2 여호와의 말씀이 내게 임하여 이르시되
3 인자야 이스라엘 장로들에게 말하여 이르라 주 여호와께서 이렇게 말씀하
셨느니라 너희가 내게 물으려고 왔느냐 내가 나의 목숨을 걸고 맹세하거니
와 너희가 내게 묻기를 내가 용납하지 아니하리라 주 여호와의 말씀이니라
4 인자야 네가 그들을 심판하려느냐 네가 그들을 심판하려느냐 너는 그들에
게 그들의 조상들의 가증한 일을 알게 하여
5 이르라 주 여호와께서 이같이 말씀하셨느니라 옛날에 내가 이스라엘을 택
하고 야곱 집의 후예를 향하여 내 손을 들어 맹세하고 애굽 땅에서 그들에
게 나타나 맹세하여 이르기를 나는 여호와 너희 하나님이라 하였노라

년 월 일

6 그 날에 내가 내 손을 들어 그들에게 맹세하기를 애굽 땅에서 인도하여 내
어 그들을 위하여 찾아 두었던 땅 곧 젖과 꿀이 흐르는 땅이요 모든 땅 중의
아름다운 곳에 이르게 하리라 하고

7 또 그들에게 이르기를 너희는 눈을 끄는 바 가증한 것을 각기 버리고 애굽
의 우상들로 말미암아 스스로 더럽히지 말라 나는 여호와 너희 하나님이니
라 하였으나

8 그들이 내게 반역하여 내 말을 즐겨 듣지 아니하고 그들의 눈을 끄는 바 가
증한 것을 각기 버리지 아니하며 애굽의 우상들을 떠나지 아니하므로 내가
말하기를 내가 애굽 땅에서 그들에게 나의 분노를 쏟으며 그들에게 진노를
이루리라 하였노라

9 그러나 내가 그들이 거주하는 이방인의 눈 앞에서 그들에게 나타나 그들을
애굽 땅에서 인도하여 내었나니 이는 내 이름을 위함이라 내 이름을 그 이
방인의 눈 앞에서 더럽히지 아니하려고 행하였음이라

10 그러므로 내가 그들을 애굽 땅에서 나와서 광야에 이르게 하고

11 사람이 준행하면 그로 말미암아 삶을 얻을 내 율례를 주며 내 규례를 알게
하였고

12 또 내가 그들을 거룩하게 하는 여호와인 줄 알게 하려고 내 안식일을 주어
그들과 나 사이에 표징을 삼았노라

13 그러나 이스라엘 족속이 광야에서 내게 반역하여 사람이 준행하면 그로 말
미암아 삶을 얻을 나의 율례를 준행하지 아니하며 나의 규례를 멸시하였고
나의 안식일을 크게 더럽혔으므로 내가 이르기를 내가 내 분노를 광야에서
그들에게 쏟아 멸하리라 하였으나

14 내가 내 이름을 위하여 달리 행하였었나니 내가 그들을 인도하여 내는 것을
본 나라들 앞에서 내 이름을 더럽히지 아니하려 하였음이로라

15 또 내가 내 손을 들어 광야에서 그들에게 맹세하기를 내가 그들에게 허락한
땅 곧 젖과 꿀이 흐르는 땅이요 모든 땅 중의 아름다운 곳으로 그들을 인도
하여 들이지 아니하리라 한 것은

년 월 일

16 그들이 마음으로 우상을 따라 나의 규례를 업신여기며 나의 율례를 행하지
아니하며 나의 안식일을 더럽혔음이라
17 그러나 내가 그들을 아껴서 광야에서 멸하여 아주 없이하지 아니하였었노
라
18 내가 광야에서 그들의 자손에게 이르기를 너희 조상들의 율례를 따르지 말
며 그 규례를 지키지 말며 그 우상들로 말미암아 스스로 더럽히지 말라
19 나는 여호와 너희 하나님이라 너희는 나의 율례를 따르며 나의 규례를 지켜
행하고
20 또 나의 안식일을 거룩하게 할지어다 이것이 나와 너희 사이에 표징이 되어
내가 여호와 너희 하나님인 줄을 너희가 알게 하리라 하였노라
21 그러나 그들의 자손이 내게 반역하여 사람이 지켜 행하면 그로 말미암아 삶
을 얻을 나의 율례를 따르지 아니하며 나의 규례를 지켜 행하지 아니하였고
나의 안식일을 더럽힌지라 이에 내가 이르기를 내가 광야에서 그들에게 내
분노를 쏟으며 그들에게 내 진노를 이루리라 하였으나
22 내가 내 이름을 위하여 내 손을 막아 달리 행하였나니 내가 그들을 인도하
여 내는 것을 본 여러 나라 앞에서 내 이름을 더럽히지 아니하려 하였음이
로라
23 또 내가 내 손을 들어 광야에서 그들에게 맹세하기를 내가 그들을 이방인
중에 흩으며 여러 민족 가운데에 헤치리라 하였나니
24 이는 그들이 나의 규례를 행하지 아니하며 나의 율례를 멸시하며 내 안식일
을 더럽히고 눈으로 그들의 조상들의 우상들을 사모함이며
25 또 내가 그들에게 선하지 못한 율례와 능히 지키지 못할 규례를 주었고
26 그들이 장자를 다 화제로 드리는 그 예물로 내가 그들을 더럽혔음은 그들을
멸망하게 하여 나를 여호와인 줄 알게 하려 하였음이라
27 그런즉 인자야 이스라엘 족속에게 말하여 이르라 주 여호와께서 이같이 말
씀하셨느니라 너희 조상들이 또 내게 범죄하여 나를 욕되게 하였느니라

년 월 일

28 내가 내 손을 들어 그들에게 주기로 맹세한 땅으로 그들을 인도하여 들였
더니 그들이 모든 높은 산과 모든 무성한 나무를 보고 거기에서 제사를
드리고 분노하게 하는 제물을 올리며 거기서 또 분향하고 전제물을 부어
드린지라

29 이에 내가 그들에게 이르기를 너희가 다니는 산당이 무엇이냐 하였노라(그
것을 오늘날까지 바마라 일컫느니라)

30 그러므로 너는 이스라엘 족속에게 이르라 주 여호와께서 이같이 말씀하셨
느니라 너희가 조상들의 풍속을 따라 너희 자신을 더럽히며 그 모든 가증한
것을 따라 행음하느냐

31 너희가 또 너희 아들을 화제로 삼아 불 가운데로 지나게 하며 오늘까지 너
희 자신을 우상들로 말미암아 더럽히느냐 이스라엘 족속아 너희가 내게 묻
기를 내가 용납하겠느냐 주 여호와의 말씀이니라 내가 나의 삶을 두고 맹세
하노니 너희가 내게 묻기를 내가 용납하지 아니하리라

32 너희가 스스로 이르기를 우리가 이방인 곧 여러 나라 족속 같이 되어서 목
석을 경배하리라 하거니와 너희 마음에 품은 것을 결코 이루지 못하리라

맹세한 땅으로 이스라엘을 인도하리라

33 주 여호와의 말씀이니라 내가 나의 삶을 두고 맹세하노니 내가 능한 손과
편 팔로 분노를 쏟아 너희를 반드시 다스릴지라

34 능한 손과 편 팔로 분노를 쏟아 너희를 여러 나라에서 나오게 하며 너희의
흩어진 여러 지방에서 모아내고

35 너희를 인도하여 여러 나라 광야에 이르러 거기에서 너희를 대면하여 심판
하되

36 내가 애굽 땅 광야에서 너희 조상들을 심판한 것 같이 너희를 심판하리라
주 여호와의 말씀이니라

37 내가 너희를 막대기 아래로 지나가게 하며 언약의 줄로 매려니와

38 너희 가운데에서 반역하는 자와 내게 범죄하는 자를 모두 제하여 버릴지라
그들을 그 머물러 살던 땅에서는 나오게 하여도 이스라엘 땅에는 들어가지
못하게 하리니 너희가 나는 여호와인 줄을 알리라

39 주 여호와께서 이같이 말씀하셨느니라 이스라엘 족속아 너희가 내 말을 듣
지 아니하려거든 가서 각각 그 우상을 섬기라 그렇게 하려거든 이 후에 다
시는 너희 예물과 너희 우상들로 내 거룩한 이름을 더럽히지 말지니라

40 주 여호와의 말씀이니라 이스라엘 온 족속이 그 땅에 있어서 내 거룩한 산
곧 이스라엘의 높은 산에서 다 나를 섬기리니 거기에서 내가 그들을 기쁘게
받을지라 거기에서 너희 예물과 너희가 드리는 첫 열매와 너희 모든 성물을
요구하리라

41 내가 너희를 인도하여 여러 나라 가운데에서 나오게 하고 너희가 흩어진 여
러 민족 가운데에서 모아 낼 때에 내가 너희를 향기로 받고 내가 또 너희로
말미암아 내 거룩함을 여러 나라의 목전에서 나타낼 것이며

42 내가 내 손을 들어 너희 조상들에게 주기로 맹세한 땅 곧 이스라엘 땅으로
너희를 인도하여 들일 때에 너희는 내가 여호와인 줄 알고

43 거기에서 너희의 길과 스스로 더럽힌 모든 행위를 기억하고 이미 행한 모든
악으로 말미암아 스스로 미워하리라

44 이스라엘 족속아 내가 너희의 악한 길과 더러운 행위대로 하지 아니하고 내
이름을 위하여 행한 후에야 내가 여호와인 줄 너희가 알리라 주 여호와의
말씀이니라

불타는 숲의 비유

45 여호와의 말씀이 또 내게 임하여 이르시되

46 인자야 너는 얼굴을 남으로 향하라 남으로 향하여 소리내어 남쪽의 숲을 쳐
서 예언하라

47 남쪽의 숲에게 이르기를 여호와의 말씀을 들을지어다 주 여호와께서 이같
이 말씀하셨느니라 내가 너의 가운데에 불을 일으켜 모든 푸른 나무와 모든
마른 나무를 없애리니 맹렬한 불꽃이 꺼지지 아니하고 남에서 북까지 모든
얼굴이 그슬릴지라

48 혈기 있는 모든 자는 나 여호와가 그 불을 일으킨 줄을 알리니 그것이 꺼지
지 아니하리라 하셨다 하라 하시기로

49 내가 이르되 아하 주 여호와여 그들이 나를 가리켜 말하기를 그는 비유로
말하는 자가 아니냐 하나이다 하니라

21장

여호와의 칼

1 또 여호와의 말씀이 내게 임하여 이르시되

2 인자야 너는 얼굴을 예루살렘으로 향하며 성소를 향하여 소리내어 이스라
엘 땅에게 예언하라

3 이스라엘 땅에게 이르기를 여호와의 말씀에 내가 너를 대적하여 내 칼을 칼
집에서 빼어 의인과 악인을 네게서 끊을지라

4 내가 의인과 악인을 네게서 끊을 터이므로 내 칼을 칼집에서 빼어 모든 육
체를 남에서 북까지 치리니

5 모든 육체는 나 여호와가 내 칼을 칼집에서 빼낸 줄을 알지라 칼이 다시 꽂
히지 아니하리라 하셨다 하라

6 인자야 탄식하되 너는 허리가 끊어지듯 탄식하라 그들의 목전에서 슬피 탄
식하라

7 그들이 네게 묻기를 네가 어찌하여 탄식하느냐 하거든 대답하기를 재앙이
다가온다는 소문 때문이니 각 마음이 녹으며 모든 손이 약하여지며 각 영이
쇠하며 모든 무릎이 물과 같이 약해지리라 보라 재앙이 오나니 반드시 이루
어지리라 주 여호와의 말씀이니라 하라

년 월 일

8 여호와의 말씀이 또 내게 임하여 이르시되

9 인자야 너는 예언하여 여호와의 말씀을 이같이 말하라 칼이여 칼이여 날카
롭고도 빛나도다

10 그 칼이 날카로움은 죽임을 위함이요 빛남은 번개 같이 되기 위함이니 우리
가 즐거워하겠느냐 내 아들의 규가 모든 나무를 업신여기는도다

11 그 칼을 손에 잡아 쓸 만하도록 빛나게 하되 죽이는 자의 손에 넘기기 위하
여 날카롭고도 빛나게 하였도다 하셨다 하라

12 인자야 너는 부르짖어 슬피 울지어다 이것이 내 백성에게 임하며 이스라엘
모든 고관에게 임함이로다 그들과 내 백성이 함께 칼에 넘긴 바 되었으니
너는 네 넓적다리를 칠지어다

13 이것이 시험이라 만일 업신여기는 규가 없어지면 어찌할까 주 여호와의 말
씀이니라

14 그러므로 인자야 너는 예언하며 손뼉을 쳐서 칼로 두세 번 거듭 쓰이게 하
라 이 칼은 죽이는 칼이라 사람들을 둘러싸고 죽이는 큰 칼이로다

15 내가 그들이 낙담하여 많이 엎드러지게 하려고 그 모든 성문을 향하여 번쩍
번쩍하는 칼을 세워 놓았도다 오호라 그 칼이 번개 같고 죽이기 위하여 날
카로웠도다

16 칼아 모이라 오른쪽을 치라 대열을 맞추라 왼쪽을 치라 향한 대로 가라

17 나도 내 손뼉을 치며 내 분노를 다 풀리로다 나 여호와가 말하였노라

18 여호와의 말씀이 내게 임하여 이르시되

19 인자야 너는 바벨론 왕의 칼이 올 두 길을 한 땅에서 나오도록 그리되 곧 성
으로 들어가는 길 어귀에다가 길이 나뉘는 지시표를 하여

20 칼이 암몬 족속의 랍바에 이르는 길과 유다의 견고한 성 예루살렘에 이르는
길을 그리라

21 바벨론 왕이 갈랫길 곧 두 길 어귀에 서서 점을 치되 화살들을 흔들어 우상
에게 묻고 희생제물의 간을 살펴서

22 오른손에 예루살렘으로 갈 점괘를 얻었으므로 공성퇴를 설치하며 입을 벌
리고 죽이며 소리를 높여 외치며 성문을 향하여 공성퇴를 설치하고 토성을
쌓고 사다리를 세우게 되었나니

23 전에 그들에게 맹약한 자들은 그것을 거짓 점괘로 여길 것이나 바벨론 왕은
그 죄악을 기억하고 그 무리를 잡으리라

24 그러므로 주 여호와께서 이같이 말씀하셨느니라 너희의 악이 기억을 되살
리며 너희의 허물이 드러나며 너희 모든 행위의 죄가 나타났도다 너희가 기
억한 바 되었은즉 그 손에 잡히리라

25 너 극악하여 중상을 당할 이스라엘 왕아 네 날이 이르렀나니 곧 죄악의 마
지막 때이니라

26 주 여호와께서 이같이 말씀하셨느니라 관을 제거하며 왕관을 벗길지라 그
대로 두지 못하리니 낮은 자를 높이고 높은 자를 낮출 것이니라

27 내가 엎드러뜨리고 엎드러뜨리고 엎드러뜨리려니와 이것도 다시 있지 못하
리라 마땅히 얻을 자가 이르면 그에게 주리라

28 인자야 너는 주 여호와께서 암몬 족속과 그의 능욕에 대하여 이같이 말씀하
셨다고 예언하라 너는 이르기를 칼이 뽑히도다 칼이 뽑히도다 죽이며 멸절
하며 번개 같이 되기 위하여 빛났도다

29 네게 대하여 허무한 것을 보며 네게 대하여 거짓 복술을 하는 자가 너를 중
상 당한 악인의 목 위에 두리니 이는 그의 날 곧 죄악의 마지막 때가 이름이
로다

30 그러나 칼을 그 칼집에 꽂을지어다 네가 지음을 받은 곳에서, 네가 출생한
땅에서 내가 너를 심판하리로다

31 내가 내 분노를 네게 쏟으며 내 진노의 불을 네게 내뿜고 너를 짐승 같은 자
곧 멸하기에 익숙한 자의 손에 넘기리로다

32 네가 불에 섶과 같이 될 것이며 네 피가 나라 가운데에 있을 것이며 네가
다시 기억되지 못할 것이니 나 여호와가 말하였음이라 하라

년 월 일

22장

벌 받을 예루살렘

1 또 여호와의 말씀이 내게 임하여 이르시되

2 인자야 네가 심판하려느냐 이 피흘린 성읍을 심판하려느냐 그리하려거든
자기의 모든 가증한 일을 그들이 알게 하라

3 너는 말하라 주 여호와께서 이같이 말씀하셨느니라 자기 가운데에 피를 흘
려 벌 받을 때가 이르게 하며 우상을 만들어 스스로 더럽히는 성아

4 네가 흘린 피로 말미암아 죄가 있고 네가 만든 우상으로 말미암아 스스로
더럽혔으니 네 날이 가까웠고 네 연한이 찼도다 그러므로 내가 너로 이방의
능욕을 받으며 만국의 조롱 거리가 되게 하였노라

5 너 이름이 더럽고 어지러움이 많은 자여 가까운 자나 먼 자나 다 너를 조롱
하리라

6 이스라엘 모든 고관은 각기 권세대로 피를 흘리려고 네 가운데에 있었도다

7 그들이 네 가운데에서 부모를 업신여겼으며 네 가운데에서 나그네를 학대
하였으며 네 가운데에서 고아와 과부를 해하였도다

8 너는 나의 성물들을 업신여겼으며 나의 안식일을 더럽혔으며

9 네 가운데에 피를 흘리려고 이간을 붙이는 자도 있었으며 네 가운데에 산
위에서 제물을 먹는 자도 있었으며 네 가운데에 음행하는 자도 있었으며

10 네 가운데에 자기 아버지의 하체를 드러내는 자도 있었으며 네 가운데에 월
경하는 부정한 여인과 관계하는 자도 있었으며

11 어떤 사람은 그 이웃의 아내와 가증한 일을 행하였으며 어떤 사람은 그의
며느리를 더럽혀 음행하였으며 네 가운데에 어떤 사람은 그 자매 곧 아버지
의 딸과 관계하였으며

12 네 가운데에 피를 흘리려고 뇌물을 받는 자도 있었으며 네가 변돈과 이자를
받았으며 이익을 탐하여 이웃을 속여 빼앗았으며 나를 잊어버렸도다 주 여
호와의 말씀이니라

13 네가 불의를 행하여 이익을 얻은 일과 네 가운데에 피 흘린 일로 말미암아
내가 손뼉을 쳤나니
14 내가 네게 보응하는 날에 네 마음이 견디겠느냐 네 손이 힘이 있겠느냐 나
여호와가 말하였으니 내가 이루리라
15 내가 너를 뭇 나라 가운데에 흩으며 각 나라에 헤치고 너의 더러운 것을 네
가운데에서 멸하리라
16 네가 자신 때문에 나라들의 목전에서 수치를 당하리니 내가 여호와인 줄 알
리라 하셨다 하라

풀무 불에 들어간 이스라엘

17 여호와의 말씀이 내게 임하여 이르시되
18 인자야 이스라엘 족속이 내게 찌꺼기가 되었나니 곧 풀무 불 가운데에 있는
놋이나 주석이나 쇠나 납이며 은의 찌꺼기로다
19 그러므로 주 여호와께서 이와 같이 말씀하셨느니라 너희가 다 찌꺼기가 되
었은즉 내가 너희를 예루살렘 가운데로 모으고
20 사람이 은이나 놋이나 쇠나 납이나 주석이나 모아서 풀무 불 속에 넣고 불
을 불어 녹이는 것 같이 내가 노여움과 분으로 너희를 모아 거기에 두고 녹
이리라
21 내가 너희를 모으고 내 분노의 불을 너희에게 불면 너희가 그 가운데에서
녹되
22 은이 풀무 불 가운데에서 녹는 것 같이 너희가 그 가운데에서 녹으리니 나
여호와가 분노를 너희 위에 쏟은 줄을 너희가 알리라

선지자 제사장 고관들의 죄

23 여호와의 말씀이 내게 임하여 이르시되
24 인자야 너는 그에게 이르기를 너는 정결함을 얻지 못한 땅이요 진노의 날에
비를 얻지 못한 땅이로다 하라

년 월 일

25 그 가운데에서 선지자들의 반역함이 우는 사자가 음식물을 움킴 같았도다
그들이 사람의 영혼을 삼켰으며 재산과 보물을 탈취하며 과부를 그 가운데
에 많게 하였으며

26 그 제사장들은 내 율법을 범하였으며 나의 성물을 더럽혔으며 거룩함과 속
된 것을 구별하지 아니하였으며 부정함과 정한 것을 사람이 구별하게 하지
아니하였으며 그의 눈을 가리어 나의 안식일을 보지 아니하였으므로 내가
그들 가운데에서 더럽힘을 받았느니라

27 그 가운데에 그 고관들은 음식물을 삼키는 이리 같아서 불의한 이익을 얻으
려고 피를 흘려 영혼을 멸하거늘

28 그 선지자들이 그들을 위하여 회를 칠하고 스스로 허탄한 이상을 보며 거짓
복술을 행하며 여호와가 말하지 아니하였어도 주 여호와께서 이같이 말씀
하셨느니라 하였으며

29 이 땅 백성은 포악하고 강탈을 일삼고 가난하고 궁핍한 자를 압제하고 나그
네를 부당하게 학대하였으므로

30 이 땅을 위하여 성을 쌓으며 성 무너진 데를 막아 서서 나로 하여금 멸하지
못하게 할 사람을 내가 그 가운데에서 찾다가 찾지 못하였으므로

31 내가 내 분노를 그들 위에 쏟으며 내 진노의 불로 멸하여 그들 행위대로 그
들 머리에 보응하였느니라 주 여호와의 말씀이니라

23장

오홀라와 오홀리바의 행음

1 또 여호와의 말씀이 내게 임하여 이르시되

2 인자야 두 여인이 있었으니 한 어머니의 딸이라

3 그들이 애굽에서 행음하되 어렸을 때에 행음하여 그들의 유방이 눌리며 그 처녀의 가슴이 어루만져졌나니

4 그 이름이 형은 오홀라요 아우는 오홀리바라 그들이 내게 속하여 자녀를 낳았나니 그 이름으로 말하면 오홀라는 사마리아요 오홀리바는 예루살렘이니라

5 오홀라가 내게 속하였을 때에 행음하여 그가 연애하는 자 곧 그의 이웃 앗수르 사람을 사모하였나니

6 그들은 다 자색 옷을 입은 고관과 감독이요 준수한 청년이요 말 타는 자들이라

7 그가 앗수르 사람들 가운데에 잘 생긴 그 모든 자들과 행음하고 누구를 연애하든지 그들의 모든 우상으로 자신을 더럽혔으며

8 그가 젊었을 때에 애굽 사람과 동침하매 그 처녀의 가슴이 어루만져졌으며 그의 몸에 음란을 쏟음을 당한 바 되었더니 그가 그 때부터 행음함을 마지아니하였느니라

9 그러므로 내가 그를 그의 정든 자 곧 그가 연애하는 앗수르 사람의 손에 넘겼더니

10 그들이 그의 하체를 드러내고 그의 자녀를 빼앗으며 칼로 그를 죽여 여인들에게 이야깃거리가 되게 하였나니 이는 그들이 그에게 심판을 행함이니라

11 그 아우 오홀리바가 이것을 보고도 그의 형보다 음욕을 더하며 그의 형의 간음함보다 그 간음이 더 심하므로 그의 형보다 더 부패하여졌느니라

12 그가 그의 이웃 앗수르 사람을 연애하였나니 그들은 화려한 의복을 입은 고관과 감독이요 말 타는 자들과 준수한 청년이었느니라

13 그 두 여인이 한 길로 행하므로 그도 더러워졌음을 내가 보았노라

년 월 일

14 그가 음행을 더하였음은 붉은 색으로 벽에 그린 사람의 형상 곧 갈대아 사
람의 형상을 보았음이니
15 그 형상은 허리를 띠로 동이고 머리를 긴 수건으로 쌌으며 그의 용모는 다
준수한 자 곧 그의 고향 갈대아 바벨론 사람 같은 것이라
16 그가 보고 곧 사랑하게 되어 사절을 갈대아 그들에게로 보내매
17 바벨론 사람이 나아와 연애하는 침상에 올라 음행으로 그를 더럽히매 그가
더럽힘을 입은 후에 그들을 싫어하는 마음이 생겼느니라
18 그가 이같이 그의 음행을 나타내며 그가 하체를 드러내므로 내 마음이 그의
형을 싫어한 것 같이 그를 싫어하였으나
19 그가 그의 음행을 더하여 젊었을 때 곧 애굽 땅에서 행음하던 때를 생각
하고
20 그의 하체는 나귀 같고 그의 정수는 말 같은 음란한 간부를 사랑하였도다
21 네가 젊었을 때에 행음하여 애굽 사람에게 네 가슴과 유방이 어루만져졌던
것을 아직도 생각하도다

오홀리바가 받은 재판

22 그러므로 오홀리바야 주 여호와께서 이같이 말씀하셨느니라 나는 네가
사랑하다가 싫어하던 자들을 충동하여 그들이 사방에서 와서 너를 치게
하리니
23 그들은 바벨론 사람과 갈대아 모든 무리 브곳과 소아와 고아 사람과 또 그
와 함께 한 모든 앗수르 사람 곧 준수한 청년이며 다 고관과 감독이며 귀인
과 유명한 자요 다 말 타는 자들이라
24 그들이 무기와 병거와 수레와 크고 작은 방패를 이끌고 투구 쓴 군대를 거
느리고 치러 와서 너를 에워싸리라 내가 재판을 그들에게 맡긴즉 그들이 그
들의 법대로 너를 재판하리라
25 내가 너를 향하여 질투하리니 그들이 분내어 네 코와 귀를 깎아 버리고 남
은 자를 칼로 엎드러뜨리며 네 자녀를 빼앗고 그 남은 자를 불에 사르며

년 월 일

26 또 네 옷을 벗기며 네 장식품을 빼앗을지라
27 이와 같이 내가 네 음란과 애굽 땅에서부터 행음하던 것을 그치게 하여 너
로 그들을 향하여 눈을 들지도 못하게 하며 다시는 애굽을 기억하지도 못하
게 하리라
28 주 여호와께서 이같이 말씀하셨느니라 나는 네가 미워하는 자와 네 마음에
싫어하는 자의 손에 너를 붙이리니
29 그들이 미워하는 마음으로 네게 행하여 네 모든 수고한 것을 빼앗고 너를
벌거벗은 몸으로 두어서 네 음행의 벗은 몸 곧 네 음란하며 행음하던 것을
드러낼 것이라
30 네가 이같이 당할 것은 네가 음란하게 이방을 따르고 그 우상들로 더럽혔기
때문이로다
31 네가 네 형의 길로 행하였은즉 내가 그의 잔을 네 손에 주리라
32 주 여호와께서 이같이 말씀하셨느니라 깊고 크고 가득히 담긴 네 형의 잔을
네가 마시고 코웃음과 조롱을 당하리라
33 네가 네 형 사마리아의 잔 곧 놀람과 패망의 잔에 넘치게 취하고 근심할
지라
34 네가 그 잔을 다 기울여 마시고 그 깨어진 조각을 씹으며 네 유방을 꼬집을
것은 내가 이렇게 말하였음이라 주 여호와의 말씀이니라
35 그러므로 주 여호와께서 이같이 말씀하셨느니라 네가 나를 잊었고 또 나
를 네 등 뒤에 버렸은즉 너는 네 음란과 네 음행의 죄를 담당할지니라 하
시니라

오홀라와 오홀리바가 받은 재판

36 여호와께서 또 내게 이르시되 인자야 네가 오홀라와 오홀리바를 심판하려
느냐 그러면 그 가증한 일을 그들에게 말하라
37 그들이 행음하였으며 피를 손에 묻혔으며 또 그 우상과 행음하며 내게 낳아
준 자식들을 우상을 위하여 화제로 살랐으며

년 월 일

38 이 외에도 그들이 내게 행한 것이 있나니 당일에 내 성소를 더럽히며 내 안
식일을 범하였도다
39 그들이 자녀를 죽여 그 우상에게 드린 그 날에 내 성소에 들어와서 더럽혔
으되 그들이 내 성전 가운데에서 그렇게 행하였으며
40 또 사절을 먼 곳에 보내 사람을 불러오게 하고 그들이 오매 그들을 위하여
목욕하며 눈썹을 그리며 스스로 단장하고
41 화려한 자리에 앉아 앞에 상을 차리고 내 향과 기름을 그 위에 놓고
42 그 무리와 편히 지껄이고 즐겼으며 또 광야에서 잡류와 술 취한 사람을 청
하여 오매 그들이 팔찌를 그 손목에 끼우고 아름다운 관을 그 머리에 씌웠
도다
43 내가 음행으로 쇠한 여인을 가리켜 말하노라 그가 그래도 그들과 피차 행음
하는도다
44 그들이 그에게 나오기를 기생에게 나옴 같이 음란한 여인 오홀라와 오홀리
바에게 나왔은즉
45 의인이 간통한 여자들을 재판함 같이 재판하며 피를 흘린 여인을 재판함 같
이 재판하리니 그들은 간통한 여자들이요 또 피가 그 손에 묻었음이라
46 주 여호와께서 이같이 말씀하셨느니라 그들에게 무리를 올려 보내 그들이
공포와 약탈을 당하게 하라
47 무리가 그들을 돌로 치며 칼로 죽이고 그 자녀도 죽이며 그 집들을 불사르
리라
48 이같이 내가 이 땅에서 음란을 그치게 한즉 모든 여인이 정신이 깨어 너희
음행을 본받지 아니하리라
49 그들이 너희 음란으로 너희에게 보응한즉 너희가 모든 우상을 위하던 죄를
담당할지라 내가 주 여호와인 줄을 너희가 알리라 하시니라

24장

녹슨 가마 예루살렘

1 아홉째 해 열째 달 열째 날에 여호와의 말씀이 내게 임하여 이르시되

2 인자야 너는 날짜 곧 오늘의 이름을 기록하라 바벨론 왕이 오늘 예루살렘에
가까이 왔느니라

3 너는 이 반역하는 족속에게 비유를 베풀어 이르기를 주 여호와께서 이같이
말씀하시기를 가마 하나를 걸라

4 건 후에 물을 붓고 양 떼에서 한 마리를 골라 각을 뜨고 그 넓적다리와 어깨
고기의 모든 좋은 덩이를 그 가운데에 모아 넣으며 고른 뼈를 가득히 담고
그 뼈를 위하여 가마 밑에 나무를 쌓아 넣고 잘 삶되 가마 속의 뼈가 무르도
록 삶을지어다

6 그러므로 주 여호와께서 이같이 말씀하셨느니라 피를 흘린 성읍, 녹슨 가마
곧 그 속의 녹을 없이하지 아니한 가마여 화 있을진저 제비 뽑을 것도 없이
그 덩이를 하나하나 꺼낼지어다

7 그 피가 그 가운데에 있음이여 피를 땅에 쏟아 티끌이 덮이게 하지 않고 맨
바위 위에 두었도다

8 내가 그 피를 맨 바위 위에 두고 덮이지 아니하게 함은 분노를 나타내어 보
응하려 함이로라

9 그러므로 주 여호와께서 이같이 말씀하셨느니라 화 있을진저 피를 흘린 성
읍이여 내가 또 나무 무더기를 크게 하리라

10 나무를 많이 쌓고 불을 피워 그 고기를 삶아 녹이고 국물을 졸이고 그 뼈를
태우고

11 가마가 빈 후에는 숯불 위에 놓아 뜨겁게 하며 그 가마의 놋을 달궈서 그 속
에 더러운 것을 녹게 하며 녹이 소멸되게 하라

12 이 성읍이 수고하므로 스스로 피곤하나 많은 녹이 그 속에서 벗겨지지 아니
하며 불에서도 없어지지 아니하는도다

년 월 일

13 너의 더러운 것들 중에 음란이 그 하나이니라 내가 너를 깨끗하게 하나 네
가 깨끗하여지지 아니하니 내가 네게 향한 분노를 풀기 전에는 네 더러움이
다시 깨끗하여지지 아니하리라

14 나 여호와가 말하였은즉 그 일이 이루어질지라 내가 돌이키지도 아니하고
아끼지도 아니하며 뉘우치지도 아니하고 행하리니 그들이 네 모든 행위대
로 너를 재판하리라 주 여호와의 말씀이니라

에스겔의 아내가 죽다

15 여호와의 말씀이 또 내게 임하여 이르시되

16 인자야 내가 네 눈에 기뻐하는 것을 한 번 쳐서 빼앗으리니 너는 슬퍼하거
나 울거나 눈물을 흘리거나 하지 말며

17 죽은 자들을 위하여 슬퍼하지 말고 조용히 탄식하며 수건으로 머리를 동이
고 발에 신을 신고 입술을 가리지 말고 사람이 초상집에서 먹는 음식물을
먹지 말라 하신지라

18 내가 아침에 백성에게 말하였더니 저녁에 내 아내가 죽었으므로 아침에 내
가 받은 명령대로 행하매

19 백성이 내게 이르되 네가 행하는 이 일이 우리와 무슨 상관이 있는지 너는
우리에게 말하지 아니하겠느냐 하므로

20 내가 그들에게 대답하기를 여호와의 말씀이 내게 임하여 이르시되

21 너는 이스라엘 족속에게 이르기를 주 여호와의 말씀에 내 성소는 너희 세력
의 영광이요 너희 눈의 기쁨이요 너희 마음에 아낌이 되거니와 내가 더럽힐
것이며 너희의 버려 둔 자녀를 칼에 엎드러지게 할지라

22 너희가 에스겔이 행한 바와 같이 행하여 입술을 가리지 아니하며 사람의 음
식물을 먹지 아니하며

23 수건으로 머리를 동인 채, 발에 신을 신은 채로 두고 슬퍼하지도 아니하며
울지도 아니하되 죄악 중에 패망하여 피차 바라보고 탄식하리라

년 월 일

24 이같이 에스겔이 너희에게 표징이 되리니 그가 행한 대로 너희가 다 행할지
라 이 일이 이루어지면 내가 주 여호와인 줄을 너희가 알리라 하라 하셨느
니라

25 인자야 내가 그 힘과 그 즐거워하는 영광과 그 눈이 기뻐하는 것과 그 마음
이 간절하게 생각하는 자녀를 데려가는 날

26 곧 그 날에 도피한 자가 네게 나와서 네 귀에 그 일을 들려 주지 아니하겠
느냐

27 그 날에 네 입이 열려서 도피한 자에게 말하고 다시는 잠잠하지 아니하리라
이같이 너는 그들에게 표징이 되고 그들은 내가 여호와인 줄 알리라

25장

암몬이 받을 심판

1 여호와의 말씀이 또 내게 임하여 이르시되

2 인자야 네 얼굴을 암몬 족속에게 돌리고 그들에게 예언하라

3 너는 암몬 족속에게 이르기를 너희는 주 여호와의 말씀을 들을지어다 주 여
호와께서 이같이 말씀하셨느니라 내 성소가 더럽힘을 받을 때에 네가 그것
에 관하여, 이스라엘 땅이 황폐할 때에 네가 그것에 관하여, 유다 족속이 사
로잡힐 때에 네가 그들에 대하여 이르기를 아하 좋다 하였도다

4 그러므로 내가 너를 동방 사람에게 기업으로 넘겨 주리니 그들이 네 가운데
에 진을 치며 네 가운데에 그 거처를 베풀며 네 열매를 먹으며 네 젖을 마실
지라

5 내가 랍바를 낙타의 우리로 만들며 암몬 족속의 땅을 양 떼가 눕는 곳으로
삼은즉 내가 주 여호와인 줄을 너희가 알리라

6 주 여호와께서 이같이 말씀하셨느니라 네가 이스라엘 땅에 대하여 손뼉을
치며 발을 구르며 마음을 다하여 멸시하며 즐거워하였나니

년 월 일

7 그런즉 내가 손을 네 위에 펴서 너를 다른 민족에게 넘겨 주어 노략을 당하
게 하며 너를 만민 중에서 끊어 버리며 너를 여러 나라 가운데에서 패망하
게 하여 멸하리니 내가 주 여호와인 줄을 너희가 알리라 하셨다 하라

모압과 세일이 받을 심판

8 주 여호와께서 이같이 말씀하셨느니라 모압과 세일이 이르기를 유다 족속
은 모든 이방과 다름이 없다 하도다

9 그러므로 내가 모압의 한편 곧 그 나라 국경에 있는 영화로운 성읍들 벧여
시못과 바알므온과 기랴다임을 열고

10 암몬 족속과 더불어 동방 사람에게 넘겨 주어 기업을 삼게 할 것이라 암몬
족속이 다시는 이방 가운데에서 기억되지 아니하게 하려니와

11 내가 모압에 벌을 내리리니 내가 주 여호와인 줄을 너희가 알리라

에돔과 블레셋이 받을 심판

12 주 여호와께서 이같이 말씀하셨느니라 에돔이 유다 족속을 쳐서 원수를 갚
았고 원수를 갚음으로 심히 범죄하였도다

13 그러므로 주 여호와께서 이같이 말씀하셨느니라 내가 내 손을 에돔 위에 펴
서 사람과 짐승을 그 가운데에서 끊어 데만에서부터 황폐하게 하리니 드단
까지 칼에 엎드러지리라

14 내가 내 백성 이스라엘의 손으로 내 원수를 에돔에게 갚으리니 그들이 내
진노와 분노를 따라 에돔에 행한즉 내가 원수를 갚음인 줄을 에돔이 알리라
주 여호와의 말씀이니라

15 주 여호와께서 이같이 말씀하셨느니라 블레셋 사람이 옛날부터 미워하여
멸시하는 마음으로 원수를 갚아 진멸하고자 하였도다

16 그러므로 주 여호와께서 이같이 말씀하셨느니라 내가 블레셋 사람 위에 손
을 펴서 그렛 사람을 끊으며 해변에 남은 자를 진멸하되

17 분노의 책벌로 내 원수를 그들에게 크게 갚으리라 내가 그들에게 원수를 갚
은즉 내가 여호와인 줄을 그들이 알리라 하시니라

26장

두로가 받을 심판

1 열한째 해 어느 달 초하루에 여호와의 말씀이 내게 임하여 이르시되
2 인자야 두로가 예루살렘에 관하여 이르기를 아하 만민의 문이 깨져서 내게
로 돌아왔도다 그가 황폐하였으니 내가 충만함을 얻으리라 하였도다
3 그러므로 주 여호와께서 이같이 말씀하셨느니라 두로야 내가 너를 대적
하여 바다가 그 파도를 굽이치게 함 같이 여러 민족들이 와서 너를 치게
하리니
4 그들이 두로의 성벽을 무너뜨리며 그 망대를 헐 것이요 나도 티끌을 그 위
에서 쓸어 버려 맨 바위가 되게 하며
5 바다 가운데에 그물 치는 곳이 되게 하리니 내가 말하였음이라 주 여호와의
말씀이니라 그가 이방의 노략 거리가 될 것이요
6 들에 있는 그의 딸들은 칼에 죽으리니 그들이 나를 여호와인 줄을 알리라
7 주 여호와께서 이같이 말씀하셨느니라 내가 왕들 중의 왕 곧 바벨론의 느부
갓네살 왕으로 하여금 북쪽에서 말과 병거와 기병과 군대와 백성의 큰 무리
를 거느리고 와서 두로를 치게 할 때에
8 그가 들에 있는 너의 딸들을 칼로 죽이고 너를 치려고 사다리를 세우며 토
성을 쌓으며 방패를 갖출 것이며
9 공성퇴를 가지고 네 성을 치며 도끼로 망대를 찍을 것이며
10 말이 많으므로 그 티끌이 너를 가릴 것이며 사람이 무너진 성 구멍으로 들
어가는 것 같이 그가 네 성문으로 들어갈 때에 그 기병과 수레와 병거의 소
리로 말미암아 네 성곽이 진동할 것이며
11 그가 그 말굽으로 네 모든 거리를 밟을 것이며 칼로 네 백성을 죽일 것이며
네 견고한 석상을 땅에 엎드러뜨릴 것이며
12 네 재물을 빼앗을 것이며 네가 무역한 것을 노략할 것이며 네 성을 헐 것이
며 네가 기뻐하는 집을 무너뜨릴 것이며 또 네 돌들과 네 재목과 네 흙을 다
물 가운데에 던질 것이라

년 월 일

13 내가 네 노래 소리를 그치게 하며 네 수금 소리를 다시 들리지 않게 하고
14 너를 맨 바위가 되게 한즉 네가 그물 말리는 곳이 되고 다시는 건축되지 못
하리니 나 여호와가 말하였음이니라 주 여호와의 말씀이니라
15 주 여호와께서 이같이 두로에 대하여 말씀하시되 네가 엎드러지는 소리에
모든 섬이 진동하지 아니하겠느냐 곧 너희 가운데에 상한 자가 부르짖으며
죽임을 당할 때에라
16 그 때에 바다의 모든 왕이 그 보좌에서 내려 조복을 벗으며 수 놓은 옷을
버리고 떨림을 입듯 하고 땅에 앉아서 너로 말미암아 무시로 떨며 놀랄 것
이며
17 그들이 너를 위하여 슬픈 노래를 불러 이르기를 항해자가 살았던 유명한 성
읍이여 너와 너의 주민이 바다 가운데에 있어 견고하였도다 해변의 모든 주
민을 두렵게 하였더니 어찌 그리 멸망하였는고
18 네가 무너지는 그날에 섬들이 진동할 것임이여 바다 가운데의 섬들이 네 결
국을 보고 놀라리로다 하리라
19 주 여호와께서 이같이 말씀하셨느니라 내가 너를 주민이 없는 성읍과 같이
황폐한 성읍이 되게 하고 깊은 바다가 네 위에 오르게 하며 큰 물이 너를 덮
게 할 때에
20 내가 너를 구덩이에 내려가는 자와 함께 내려가서 옛적 사람에게로 나아가
게 하고 너를 그 구덩이에 내려간 자와 함께 땅 깊은 곳 예로부터 황폐한 곳
에 살게 하리라 네가 다시는 사람이 거주하는 곳이 되지 못하리니 살아 있
는 자의 땅에서 영광을 얻지 못하리라
21 내가 너를 패망하게 하여 다시 있지 못하게 하리니 사람이 비록 너를 찾으
나 다시는 영원히 만나지 못하리라 주 여호와의 말씀이니라

27장

두로에 대한 애가

1 여호와의 말씀이 내게 임하여 이르시되

2 인자야 너는 두로를 위하여 슬픈 노래를 지으라

3 너는 두로를 향하여 이르기를 바다 어귀에 거주하면서 여러 섬 백성과 거래
하는 자여 주 여호와께서 이같이 말씀하시되 두로야 네가 말하기를 나는 온
전히 아름답다 하였도다

4 네 땅이 바다 가운데에 있음이여 너를 지은 자가 네 아름다움을 온전하게
하였도다

5 스닐의 잣나무로 네 판자를 만들었음이여 너를 위하여 레바논의 백향목을
가져다 돛대를 만들었도다

6 바산의 상수리나무로 네 노를 만들었음이여 깃딤 섬 황양목에 상아로 꾸며
갑판을 만들었도다

7 애굽의 수 놓은 가는 베로 돛을 만들어 깃발을 삼았음이여 엘리사 섬의 청
색 자색 베로 차일을 만들었도다

8 시돈과 아르왓 주민들이 네 사공이 되었음이여 두로야 네 가운데에 있는 지
혜자들이 네 선장이 되었도다

9 그발의 노인들과 지혜자들이 네 가운데에서 배의 틈을 막는 자가 되었음이
여 바다의 모든 배와 그 사공들은 네 가운데에서 무역하였도다

10 바사와 룻과 붓이 네 군대 가운데에서 병정이 되었음이여 네 가운데에서 방
패와 투구를 달아 네 영광을 나타냈도다

11 아르왓 사람과 네 군대는 네 사방 성 위에 있었고 용사들은 네 여러 망대에
있었음이여 네 사방 성 위에 방패를 달아 네 아름다움을 온전하게 하였도다

12 다시스는 각종 보화가 풍부하므로 너와 거래하였음이여 은과 철과 주석과
납을 네 물품과 바꾸어 갔도다

13 야완과 두발과 메섹은 네 상인이 되었음이여 사람과 놋그릇을 가지고 네 상
품을 바꾸어 갔도다

14 도갈마 족속은 말과 군마와 노새를 네 물품과 바꾸었으며
15 드단 사람은 네 상인이 되었음이여 여러 섬이 너와 거래하여 상아와 박달나
무를 네 물품과 바꾸어 갔도다
16 너의 제품이 풍부하므로 아람은 너와 거래하였음이여 남보석과 자색 베와
수 놓은 것과 가는 베와 산호와 홍보석을 네 물품과 바꾸어 갔도다
17 유다와 이스라엘 땅 사람이 네 상인이 되었음이여 민닛 밀과 과자와 꿀과
기름과 유향을 네 물품과 바꾸어 갔도다
18 너의 제품이 많고 각종 보화가 풍부하므로 다메섹이 너와 거래하였음이여
헬본 포도주와 흰 양털을 너와 거래하였도다
19 워단과 야완은 길쌈하는 실로 네 물품을 거래하였음이여 가공한 쇠와 계피
와 대나무 제품이 네 상품 중에 있었도다
20 드단은 네 상인이 되었음이여 말을 탈 때 까는 천을 너와 거래하였도다
21 아라비아와 게달의 모든 고관은 네 손아래 상인이 되어 어린 양과 숫양과
염소들, 그것으로 너와 거래하였도다
22 스바와 라아마의 상인들도 너의 상인들이 됨이여 각종 극상품 향 재료와 각
종 보석과 황금으로 네 물품을 바꾸어 갔도다
23 하란과 간네와 에덴과 스바와 앗수르와 길맛의 장사꾼들도 너의 상인들
이라
24 이들이 아름다운 물품 곧 청색 옷과 수 놓은 물품과 빛난 옷을 백향목 상자
에 담고 노끈으로 묶어 가지고 너와 거래하여 네 물품을 바꾸어 갔도다
25 다시스의 배는 떼를 지어 네 화물을 나르니 네가 바다 중심에서 풍부하여
영화가 매우 크도다
26 네 사공이 너를 인도하여 큰 물에 이르게 함이여 동풍이 바다 한가운데에서
너를 무찔렀도다

27 네 재물과 상품과 바꾼 물건과 네 사공과 선장과 네 배의 틈을 막는 자와 네
상인과 네 가운데에 있는 모든 용사와 네 가운데에 있는 모든 무리가 네가
패망하는 날에 다 바다 한가운데에 빠질 것임이여

28 네 선장이 부르짖는 소리에 물결이 흔들리리로다

29 노를 잡은 모든 자와 사공과 바다의 선장들이 다 배에서 내려 언덕에 서서

30 너를 위하여 크게 소리 질러 통곡하고 티끌을 머리에 덮어쓰며 재 가운데에
뒹굴며

31 그들이 다 너를 위하여 머리털을 밀고 굵은 베로 띠를 띠고 마음이 아프게
슬피 통곡하리로다

32 그들이 통곡할 때에 너를 위하여 슬픈 노래를 불러 애도하여 말하기를 두로
와 같이 바다 가운데에서 적막한 자 누구인고

33 네 물품을 바다로 실어 낼 때에 네가 여러 백성을 풍족하게 하였음이여 네
재물과 무역품이 많으므로 세상 왕들을 풍부하게 하였었도다

34 네가 바다 깊은 데에서 파선한 때에 네 무역품과 네 승객이 다 빠졌음이여

35 섬의 주민들이 너로 말미암아 놀라고 왕들이 심히 두려워하여 얼굴에 근심
이 가득하도다

36 많은 민족의 상인들이 다 너를 비웃음이여 네가 공포의 대상이 되고 네가
영원히 다시 있지 못하리라 하셨느니라

28장

두로 왕이 받을 심판

1 또 여호와의 말씀이 내게 임하여 이르시되

2 인자야 너는 두로 왕에게 이르기를 주 여호와께서 이같이 말씀하시되 네 마
음이 교만하여 말하기를 나는 신이라 내가 하나님의 자리 곧 바다 가운데에
앉아 있다 하도다 네 마음이 하나님의 마음 같은 체할지라도 너는 사람이요
신이 아니거늘

3 네가 다니엘보다 지혜로워서 은밀한 것을 깨닫지 못할 것이 없다 하고

4 네 지혜와 총명으로 재물을 얻었으며 금과 은을 곳간에 저축하였으며

5 네 큰 지혜와 네 무역으로 재물을 더하고 그 재물로 말미암아 네 마음이 교
만하였도다

6 그러므로 주 여호와께서 이같이 말씀하셨느니라 네 마음이 하나님의 마음
같은 체하였으니

7 그런즉 내가 이방인 곧 여러 나라의 강포한 자를 거느리고 와서 너를 치리
니 그들이 칼을 빼어 네 지혜의 아름다운 것을 치며 네 영화를 더럽히며

8 또 너를 구덩이에 빠뜨려서 너를 바다 가운데에서 죽임을 당한 자의 죽음
같이 바다 가운데에서 죽게 할지라

9 네가 너를 죽이는 자 앞에서도 내가 하나님이라고 말하겠느냐 너를 치는 자
들 앞에서 사람일 뿐이요 신이 아니라

10 네가 이방인의 손에서 죽기를 할례 받지 않은 자의 죽음 같이 하리니 내가
말하였음이니라 주 여호와의 말씀이니라 하셨다 하라

11 여호와의 말씀이 또 내게 임하여 이르시되

12 인자야 두로 왕을 위하여 슬픈 노래를 지어 그에게 이르기를 주 여호와의
말씀에 너는 완전한 도장이었고 지혜가 충족하며 온전히 아름다웠도다

13 네가 옛적에 하나님의 동산 에덴에 있어서 각종 보석 곧 홍보석과 황보석과
금강석과 황옥과 홍마노와 창옥과 청보석과 남보석과 홍옥과 황금으로 단
장하였음이여 네가 지음을 받던 날에 너를 위하여 소고와 비파가 준비되었
도다

년 월 일

14 너는 기름 부음을 받고 지키는 그룹임이여 내가 너를 세우매 네가 하나님의
성산에 있어서 불타는 돌들 사이에 왕래하였도다
15 네가 지음을 받던 날로부터 네 모든 길에 완전하더니 마침내 네게서 불의가
드러났도다
16 네 무역이 많으므로 네 가운데에 강포가 가득하여 네가 범죄하였도다 너 지
키는 그룹아 그러므로 내가 너를 더럽게 여겨 하나님의 산에서 쫓아냈고 불
타는 돌들 사이에서 멸하였도다
17 네가 아름다우므로 마음이 교만하였으며 네가 영화로우므로 네 지혜를 더
럽혔음이여 내가 너를 땅에 던져 왕들 앞에 두어 그들의 구경 거리가 되게
하였도다
18 네가 죄악이 많고 무역이 불의하므로 네 모든 성소를 더럽혔음이여 내가 네
가운데에서 불을 내어 너를 사르게 하고 너를 보고 있는 모든 자 앞에서 너
를 땅 위에 재가 되게 하였도다
19 만민 중에 너를 아는 자가 너로 말미암아 다 놀랄 것임이여 네가 공포의 대
상이 되고 네가 영원히 다시 있지 못하리로다 하셨다 하라

시돈이 받을 심판

20 여호와의 말씀이 또 내게 임하여 이르시되
21 인자야 너는 얼굴을 시돈으로 향하고 그에게 예언하라
22 너는 이르기를 주 여호와께서 이같이 말씀하시되 시돈아 내가 너를 대적하
나니 네 가운데에서 내 영광이 나타나리라 하셨다 하라 내가 그 가운데에서
심판을 행하여 내 거룩함을 나타낼 때에 무리가 나를 여호와인 줄을 알지라
23 내가 그에게 전염병을 보내며 그의 거리에 피가 흐르게 하리니 사방에서 오
는 칼에 상한 자가 그 가운데에 엎드러질 것인즉 무리가 나를 여호와인 줄
을 알겠고
24 이스라엘 족속에게는 그 사방에서 그들을 멸시하는 자 중에 찌르는 가시와
아프게 하는 가시가 다시는 없으리니 내가 주 여호와인 줄을 그들이 알리라

이스라엘이 복을 받으리라

25 주 여호와께서 이같이 말씀하셨느니라 내가 여러 민족 가운데에 흩어져 있
는 이스라엘 족속을 모으고 그들로 말미암아 여러 나라의 눈 앞에서 내 거
룩함을 나타낼 때에 그들이 고국 땅 곧 내 종 야곱에게 준 땅에 거주할지라

26 그들이 그 가운데에 평안히 살면서 집을 건축하며 포도원을 만들고 그들의
사방에서 멸시하던 모든 자를 내가 심판할 때에 그들이 평안히 살며 내가
그 하나님 여호와인 줄을 그들이 알리라

29장

애굽이 받을 심판

1 열째 해 열째 달 열두째 날에 여호와의 말씀이 내게 임하여 이르시되

2 인자야 너는 애굽의 바로 왕과 온 애굽으로 얼굴을 향하고 예언하라

3 너는 말하여 이르기를 주 여호와께서 이같이 말씀하시되 애굽의 바로 왕이
여 내가 너를 대적하노라 너는 자기의 강들 가운데에 누운 큰 악어라 스스
로 이르기를 나의 이 강은 내 것이라 내가 나를 위하여 만들었다 하는도다

4 내가 갈고리로 네 아가미를 꿰고 너의 강의 고기가 네 비늘에 붙게 하고 네
비늘에 붙은 강의 모든 고기와 함께 너를 너의 강들 가운데에서 끌어내고

5 너와 너의 강의 모든 고기를 들에 던지리니 네가 지면에 떨어지고 다시는
거두거나 모으지 못할 것은 내가 너를 들짐승과 공중의 새의 먹이로 주었음
이라

6 애굽의 모든 주민이 내가 여호와인 줄을 알리라 애굽은 본래 이스라엘 족속
에게 갈대 지팡이라

7 그들이 너를 손으로 잡은즉 네가 부러져서 그들의 모든 어깨를 찢었고 그들
이 너를 의지한즉 네가 부러져서 그들의 모든 허리가 흔들리게 하였느니라

년 월 일

8 그러므로 주 여호와께서 이같이 말씀하셨느니라 내가 칼이 네게 임하게 하
여 네게서 사람과 짐승을 끊은즉

9 애굽 땅이 사막과 황무지가 되리니 내가 여호와인 줄을 그들이 알리라 네가
스스로 이르기를 이 강은 내 것이라 내가 만들었다 하도다

10 그러므로 내가 너와 네 강들을 쳐서 애굽 땅 믹돌에서부터 수에네 곧 구스
지경까지 황폐한 황무지 곧 사막이 되게 하리니

11 그 가운데로 사람의 발도 지나가지 아니하며 짐승의 발도 지나가지 아니하
고 거주하는 사람이 없이 사십 년이 지날지라

12 내가 애굽 땅을 황폐한 나라들 같이 황폐하게 하며 애굽 성읍도 사막이 된
나라들의 성읍 같이 사십 년 동안 황폐하게 하고 애굽 사람들은 각국 가운
데로 흩으며 여러 민족 가운데로 헤치리라

13 주 여호와께서 이같이 말씀하셨느니라 사십 년 끝에 내가 만민 중에 흩은
애굽 사람을 다시 모아 내되

14 애굽의 사로잡힌 자들을 돌이켜 바드로스 땅 곧 그 고국 땅으로 돌아가게
할 것이라 그들이 거기에서 미약한 나라가 되되

15 나라 가운데에 지극히 미약한 나라가 되어 다시는 나라들 위에 스스로 높이
지 못하리니 내가 그들을 감하여 다시는 나라들을 다스리지 못하게 할 것임
이라

16 그들이 다시는 이스라엘 족속의 의지가 되지 못할 것이요 이스라엘 족속은
돌이켜 그들을 바라보지 아니하므로 그 죄악이 기억되지 아니하리니 내가
여호와인 줄을 그들이 알리라 하셨다 하라

느부갓네살이 애굽을 정복하리라

17 스물일곱째 해 첫째 달 초하루에 여호와의 말씀이 내게 임하여 이르시되

18 인자야 바벨론의 느부갓네살 왕이 그의 군대로 두로를 치게 할 때에 크게
수고하여 모든 머리털이 무지러졌고 모든 어깨가 벗어졌으나 그와 군대가
그 수고한 대가를 두로에서 얻지 못하였느니라

년 월 일

19 그러므로 주 여호와께서 이같이 말씀하셨느니라 내가 애굽 땅을 바벨론의
느부갓네살 왕에게 넘기리니 그가 그 무리를 잡아가며 물건을 노략하며 빼
앗아 갈 것이라 이것이 그 군대의 보상이 되리라
20 그들의 수고는 나를 위하여 함인즉 그 대가로 내가 애굽 땅을 그에게 주었
느니라 주 여호와의 말씀이니라
21 그 날에 나는 이스라엘 족속에게 한 뿔이 돋아나게 하고 나는 또 네가 그들
가운데에서 입을 열게 하리니 내가 여호와인 줄을 그들이 알리라

30장

여호와께서 애굽을 심판하시다

1 또 여호와의 말씀이 내게 임하여 이르시되
2 인자야 너는 예언하여 이르라 주 여호와께서 이와 같이 말씀하시되 너희는
통곡하며 이르기를 슬프다 이 날이여 하라
3 그 날이 가깝도다 여호와의 날이 가깝도다 구름의 날일 것이요 여러 나라들
의 때이리로다
4 애굽에 칼이 임할 것이라 애굽에서 죽임 당한 자들이 엎드러질 때에 구스에
심한 근심이 있을 것이며 애굽의 무리가 잡혀 가며 그 터가 헐릴 것이요
5 구스와 붓과 룻과 모든 섞인 백성과 굽과 및 동맹한 땅의 백성들이 그들과
함께 칼에 엎드러지리라
6 여호와께서 이같이 말씀하셨느니라 애굽을 붙들어 주는 자도 엎드러질 것
이요 애굽의 교만한 권세도 낮아질 것이라 믹돌에서부터 수에네까지 무리
가 그 가운데에서 칼에 엎드러지리라 주 여호와의 말씀이니라
7 황폐한 나라들 같이 그들도 황폐할 것이며 사막이 된 성읍들 같이 그 성읍
들도 사막이 될 것이라

년 월 일

8 내가 애굽에 불을 일으키며 그 모든 돕는 자를 멸할 때에 그들이 나를 여호
와인 줄 알리라
9 그 날에 사절들이 내 앞에서 배로 나아가서 염려 없는 구스 사람을 두렵게
하리니 애굽의 재앙의 날과 같이 그들에게도 심한 근심이 있으리라 이것이
오리로다
10 주 여호와께서 이같이 말씀하셨느니라 내가 또 바벨론의 느부갓네살 왕의
손으로 애굽의 무리들을 끊으리니
11 그가 여러 나라 가운데에 강포한 자기 군대를 거느리고 와서 그 땅을 멸망
시킬 때에 칼을 빼어 애굽을 쳐서 죽임 당한 자로 땅에 가득하게 하리라
12 내가 그 모든 강을 마르게 하고 그 땅을 악인의 손에 팔겠으며 타국 사람의
손으로 그 땅과 그 가운데에 있는 모든 것을 황폐하게 하리라 나 여호와의
말이니라
13 주 여호와께서 이같이 말씀하셨느니라 내가 그 우상들을 없애며 신상들을
놉 가운데에서 부수며 애굽 땅에서 왕이 다시 나지 못하게 하고 그 땅에 두
려움이 있게 하리라
14 내가 바드로스를 황폐하게 하며 소안에 불을 지르며 노 나라를 심판하며
15 내 분노를 애굽의 견고한 성읍 신에 쏟고 또 노 나라의 무리를 끊을 것이라
16 내가 애굽에 불을 일으키리니 신 나라가 심히 근심할 것이며 노 나라는 찢
겨 나누일 것이며 놉 나라가 날로 대적이 있을 것이며
17 아웬과 비베셋의 장정들은 칼에 엎드러질 것이며 그 성읍 주민들은 포로가
될 것이라
18 내가 애굽의 멍에를 꺾으며 그 교만한 권세를 그 가운데에서 그치게 할 때
에 드합느헤스에서는 날이 어둡겠고 그 성읍에는 구름이 덮일 것이며 그 딸
들은 포로가 될 것이라
19 이같이 내가 애굽을 심판하리니 내가 여호와인 줄을 그들이 알리라 하셨다
하라

애굽 왕의 꺾인 팔

20 열한째 해 첫째 달 일곱째 날에 여호와의 말씀이 내게 임하여 이르시되

21 인자야 내가 애굽의 바로 왕의 팔을 꺾었더니 칼을 잡을 힘이 있도록 그것
을 아주 싸매지도 못하였고 약을 붙여 싸매지도 못하였느니라

22 그러므로 주 여호와께서 이같이 말씀하셨느니라 내가 애굽의 바로 왕을 대
적하여 그 두 팔 곧 성한 팔과 이미 꺾인 팔을 꺾어서 칼이 그 손에서 떨어
지게 하고

23 애굽 사람을 뭇 나라 가운데로 흩으며 뭇 백성 가운데로 헤칠지라

24 내가 바벨론 왕의 팔을 견고하게 하고 내 칼을 그 손에 넘겨 주려니와 내가
바로의 팔을 꺾으리니 그가 바벨론 왕 앞에서 고통하기를 죽게 상한 자의
고통하듯 하리라

25 내가 바벨론 왕의 팔은 들어 주고 바로의 팔은 내려뜨릴 것이라 내가 내 칼
을 바벨론 왕의 손에 넘기고 그를 들어 애굽 땅을 치게 하리니 내가 여호와
인 줄을 그들이 알리라

26 내가 애굽 사람을 나라들 가운데로 흩으며 백성들 가운데로 헤치리니 내가
여호와인 줄을 그들이 알리라

31장

한때 백향목 같았던 애굽

1 열한째 해 셋째 달 초하루에 여호와의 말씀이 내게 임하여 이르시되
2 인자야 너는 애굽의 바로 왕과 그 무리에게 이르기를 네 큰 위엄을 누구에
게 비하랴
3 볼지어다 앗수르 사람은 가지가 아름답고 그늘은 숲의 그늘 같으며 키가 크
고 꼭대기가 구름에 닿은 레바논 백향목이었느니라
4 물들이 그것을 기르며 깊은 물이 그것을 자라게 하며 강들이 그 심어진 곳
을 둘러 흐르며 둑의 물이 들의 모든 나무에까지 미치매
5 그 나무가 물이 많으므로 키가 들의 모든 나무보다 크며 굵은 가지가 번성
하며 가는 가지가 길게 뻗어 나갔고
6 공중의 모든 새가 그 큰 가지에 깃들이며 들의 모든 짐승이 그 가는 가지 밑
에 새끼를 낳으며 모든 큰 나라가 그 그늘 아래에 거주하였느니라
7 그 뿌리가 큰 물 가에 있으므로 그 나무가 크고 가지가 길어 모양이 아름다
우매
8 하나님의 동산의 백향목이 능히 그를 가리지 못하며 잣나무가 그 굵은 가지
만 못하며 단풍나무가 그 가는 가지만 못하며 하나님의 동산의 어떤 나무도
그 아름다운 모양과 같지 못하였도다
9 내가 그 가지를 많게 하여 모양이 아름답게 하였더니 하나님의 동산 에덴에
있는 모든 나무가 다 시기하였느니라
10 그러므로 주 여호와께서 이같이 말씀하셨느니라 그의 키가 크고 꼭대기가
구름에 닿아서 높이 솟아났으므로 마음이 교만하였은즉
11 내가 여러 나라의 능한 자의 손에 넘겨 줄지라 그가 임의로 대우할 것은 내
가 그의 악으로 말미암아 쫓아내었음이라
12 여러 나라의 포악한 다른 민족이 그를 찍어 버렸으므로 그 가는 가지가 산
과 모든 골짜기에 떨어졌고 그 굵은 가지가 그 땅 모든 물 가에 꺾어졌으며
세상 모든 백성이 그를 버리고 그 그늘 아래에서 떠나매

년 월 일

13 공중의 모든 새가 그 넘어진 나무에 거주하며 들의 모든 짐승이 그 가지에
있으리니

14 이는 물 가에 있는 모든 나무는 키가 크다고 교만하지 못하게 하며 그 꼭대
기가 구름에 닿지 못하게 하며 또 물을 마시는 모든 나무가 스스로 높아 서
지 못하게 함이니 그들을 다 죽음에 넘겨 주어 사람들 가운데에서 구덩이로
내려가는 자와 함께 지하로 내려가게 하였음이라

15 주 여호와께서 이같이 말씀하셨느니라 그가 스올에 내려가던 날에 내가 그
를 위하여 슬프게 울게 하며 깊은 바다를 덮으며 모든 강을 쉬게 하며 큰 물
을 그치게 하고 레바논이 그를 위하여 슬프게 울게 하며 들의 모든 나무를
그로 말미암아 쇠잔하게 하였느니라

16 내가 그를 구덩이에 내려가는 자와 함께 스올에 떨어뜨리던 때에 백성들이
그 떨어지는 소리로 말미암아 진동하게 하였고 물을 마시는 에덴의 모든 나
무 곧 레바논의 뛰어나고 아름다운 나무들이 지하에서 위로를 받게 하였느
니라

17 그러나 그들도 그와 함께 스올에 내려 칼에 죽임을 당한 자에게 이르렀나니
그들은 옛적에 그의 팔이 된 자요 나라들 가운데에서 그 그늘 아래에 거주
하던 자니라

18 너의 영광과 위대함이 에덴의 나무들 중에서 어떤 것과 같은고 그러나 네가
에덴의 나무들과 함께 지하에 내려갈 것이요 거기에서 할례를 받지 못하고
칼에 죽임을 당한 자 가운데에 누우리라 이들은 바로와 그의 모든 군대니라
주 여호와의 말씀이니라 하라

년 월 일

32장

큰 악어 애굽 왕

1 열두째 해 열두째 달 초하루에 여호와의 말씀이 내게 임하여 이르시되

2 인자야 너는 애굽의 바로 왕에 대하여 슬픈 노래를 불러 그에게 이르라 너
를 여러 나라에서 사자로 생각하였더니 실상은 바다 가운데의 큰 악어라 강
에서 튀어 일어나 발로 물을 휘저어 그 강을 더럽혔도다

3 주 여호와께서 이같이 말씀하셨느니라 내가 많은 백성의 무리를 거느리고
내 그물을 네 위에 치고 그 그물로 너를 끌어오리로다

4 내가 너를 뭍에 버리며 들에 던져 공중의 새들이 네 위에 앉게 할 것임이여
온 땅의 짐승이 너를 먹어 배부르게 하리로다

5 내가 네 살점을 여러 산에 두며 네 시체를 여러 골짜기에 채울 것임이여

6 네 피로 네 헤엄치는 땅에 물 대듯 하여 산에 미치게 하며 그 모든 개천을
채우리로다

7 내가 너를 불 끄듯 할 때에 하늘을 가리어 별을 어둡게 하며 해를 구름으로
가리며 달이 빛을 내지 못하게 할 것임이여

8 하늘의 모든 밝은 빛을 내가 네 위에서 어둡게 하여 어둠을 네 땅에 베풀리
로다 주 여호와의 말씀이니라

9 내가 네 패망의 소문이 여러 나라 곧 네가 알지 못하는 나라들에 이르게 할
때에 많은 백성의 마음을 번뇌하게 할 것임이여

10 내가 그 많은 백성을 너로 말미암아 놀라게 할 것이며 내가 내 칼이 그들의
왕 앞에서 춤추게 할 때에 그 왕이 너로 말미암아 심히 두려워할 것이며 네
가 엎드러지는 날에 그들이 각각 자기 생명을 위하여 무시로 떨리로다

11 주 여호와께서 이같이 말씀하셨느니라 바벨론 왕의 칼이 네게 오리로다

12 나는 네 무리가 용사 곧 모든 나라의 무서운 자들의 칼에 엎드러지게 할 것
임이여 그들이 애굽의 교만을 폐하며 그 모든 무리를 멸하리로다

13 내가 또 그 모든 짐승을 큰 물 가에서 멸하리니 사람의 발이나 짐승의 굽이
다시는 그 물을 흐리지 못할 것임이여

년 월 일

14 그 때에 내가 그 물을 맑게 하여 그 강이 기름 같이 흐르게 하리로다 주 여
호와의 말씀이니라

15 내가 애굽 땅이 황폐하여 사막이 되게 하여 거기에 풍성한 것이 없게 할 것
임이여 그 가운데의 모든 주민을 치리니 내가 여호와인 줄을 그들이 알리라

16 이는 슬피 부를 노래이니 여러 나라 여자들이 이것을 슬피 부름이여 애굽과
그 모든 무리를 위하여 이것을 슬피 부르리로다 주 여호와의 말씀이니라

죽은 자들의 세계

17 열두째 해 어느 달 열다섯째 날에 여호와의 말씀이 내게 임하여 이르시되

18 인자야 애굽의 무리를 위하여 슬피 울고 그와 유명한 나라의 여자들을 구덩
이에 내려가는 자와 함께 지하에 던지며

19 이르라 너의 아름다움이 어떤 사람들보다도 뛰어나도다 너는 내려가서 할
례를 받지 아니한 자와 함께 누울지어다

20 그들이 죽임을 당한 자 가운데에 엎드러질 것임이여 그는 칼에 넘겨진 바
되었은즉 그와 그 모든 무리를 끌지어다

21 용사 가운데에 강한 자가 그를 돕는 자와 함께 스올 가운데에서 그에게 말
함이여 할례를 받지 아니한 자 곧 칼에 죽임을 당한 자들이 내려와서 가만
히 누웠다 하리로다

22 거기에 앗수르와 그 온 무리가 있음이여 다 죽임을 당하여 칼에 엎드러진
자라 그 무덤이 그 사방에 있도다

23 그 무덤이 구덩이 깊은 곳에 만들어졌고 그 무리가 그 무덤 사방에 있음이
여 그들은 다 죽임을 당하여 칼에 엎드러진 자 곧 생존하는 사람들의 세상
에서 사람을 두렵게 하던 자로다

24 거기에 엘람이 있고 그 모든 무리가 그 무덤 사방에 있음이여 그들은 다 할
례를 받지 못하고 죽임을 당하여 칼에 엎드러져 지하에 내려간 자로다 그들
이 생존하는 사람들의 세상에서 두렵게 하였으나 이제는 구덩이에 내려가
는 자와 함께 수치를 당하였도다

년 월 일

25 그와 그 모든 무리를 위하여 죽임을 당한 자 가운데에 침상을 놓았고 그 여
러 무덤은 사방에 있음이여 그들은 다 할례를 받지 못하고 칼에 죽임을
당한 자로다 그들이 생존하는 사람들의 세상에서 두렵게 하였으나 이제
는 구덩이에 내려가는 자와 함께 수치를 당하고 죽임을 당한 자 가운데에
뉘었도다

26 거기에 메섹과 두발과 그 모든 무리가 있고 그 여러 무덤은 사방에 있음이
여 그들은 다 할례를 받지 못하고 칼에 죽임을 당한 자로다 그들이 생존하
는 사람들의 세상에서 두렵게 하였으나

27 그들이 할례를 받지 못한 자 가운데에 이미 엎드러진 용사와 함께 누운 것
이 마땅하지 아니하냐 이 용사들은 다 무기를 가지고 스올에 내려가서 자기
의 칼을 베개로 삼았으니 그 백골이 자기 죄악을 졌음이여 생존하는 사람들
의 세상에서 용사의 두려움이 있던 자로다

28 오직 너는 할례를 받지 못한 자와 함께 패망할 것임이여 칼에 죽임을 당한
자와 함께 누우리로다

29 거기에 에돔 곧 그 왕들과 그 모든 고관이 있음이여 그들이 강성하였었으
나 칼에 죽임을 당한 자와 함께 있겠고 할례를 받지 못하고 구덩이에 내려
간 자와 함께 누우리로다

30 거기에 죽임을 당한 자와 함께 내려간 북쪽 모든 방백과 모든 시돈 사람이
있음이여 그들이 본래는 강성하였으므로 두렵게 하였으나 이제는 부끄러
움을 품고 할례를 받지 못하고 칼에 죽임을 당한 자와 함께 누웠고 구덩이
에 내려가는 자와 함께 수치를 당하였도다

31 바로가 그들을 보고 그 모든 무리로 말미암아 위로를 받을 것임이여 칼에
죽임을 당한 바로와 그 온 군대가 그러하리로다 주 여호와의 말씀이니라

32 내가 바로로 하여금 생존하는 사람들의 세상에서 사람을 두렵게 하게 하였
으나 이제는 그가 그 모든 무리와 더불어 할례를 받지 못한 자 곧 칼에 죽임
을 당한 자와 함께 누이리로다 주 여호와의 말씀이니라

년 월 일

33장

여호와께서 에스겔을 파수꾼으로 삼으시다

1 여호와의 말씀이 내게 임하여 이르시되

2 인자야 너는 네 민족에게 말하여 이르라 가령 내가 칼을 한 땅에 임하게 한
다 하자 그 땅 백성이 자기들 가운데의 하나를 택하여 파수꾼을 삼은

3 그 사람이 그 땅에 칼이 임함을 보고 나팔을 불어 백성에게 경고하되

4 그들이 나팔 소리를 듣고도 정신차리지 아니하므로 그 임하는 칼에 제거함
을 당하면 그 피가 자기의 머리로 돌아갈 것이라

5 그가 경고를 받았던들 자기 생명을 보전하였을 것이나 나팔 소리를 듣고도
경고를 받지 아니하였으니 그 피가 자기에게로 돌아가리라

6 그러나 칼이 임함을 파수꾼이 보고도 나팔을 불지 아니하여 백성에게 경고
하지 아니하므로 그 중의 한 사람이 그 임하는 칼에 제거 당하면 그는 자기
죄악으로 말미암아 제거되려니와 그 죄는 내가 파수꾼의 손에서 찾으리라

7 인자야 내가 너를 이스라엘 족속의 파수꾼으로 삼음이 이와 같으니라 그런
즉 너는 내 입의 말을 듣고 나를 대신하여 그들에게 경고할지어다

8 가령 내가 악인에게 이르기를 악인아 너는 반드시 죽으리라 하였다 하자 네
가 그 악인에게 말로 경고하여 그의 길에서 떠나게 하지 아니하면 그 악인
은 자기 죄악으로 말미암아 죽으려니와 내가 그의 피를 네 손에서 찾으리라

9 그러나 너는 악인에게 경고하여 돌이켜 그의 길에서 떠나라고 하되 그가 돌
이켜 그의 길에서 떠나지 아니하면 그는 자기 죄악으로 말미암아 죽으려니
와 너는 네 생명을 보전하리라

의인의 범죄와 악인의 회개

10 그런즉 인자야 너는 이스라엘 족속에게 이르기를 너희가 말하여 이르되 우
리의 허물과 죄가 이미 우리에게 있어 우리로 그 가운데에서 쇠퇴하게 하니
어찌 능히 살리요 하거니와

11 너는 그들에게 말하라 주 여호와의 말씀이니라 나의 삶을 두고 맹세하노니
나는 악인이 죽는 것을 기뻐하지 아니하고 악인이 그의 길에서 돌이켜 떠나
사는 것을 기뻐하노라 이스라엘 족속아 돌이키고 돌이키라 너희 악한 길에
서 떠나라 어찌 죽고자 하느냐 하셨다 하라
12 인자야 너는 네 민족에게 이르기를 의인이 범죄하는 날에는 그 공의가 구원
하지 못할 것이요 악인이 돌이켜 그 악에서 떠나는 날에는 그 악이 그를 엎
드러뜨리지 못할 것인즉 의인이 범죄하는 날에는 그 의로 말미암아 살지 못
하리라
13 가령 내가 의인에게 말하기를 너는 살리라 하였다 하자 그가 그 공의를 스
스로 믿고 죄악을 행하면 그 모든 의로운 행위가 하나도 기억되지 아니하리
니 그가 그 지은 죄악으로 말미암아 곧 그 안에서 죽으리라
14 가령 내가 악인에게 말하기를 너는 죽으리라 하였다 하자 그가 돌이켜 자기
의 죄에서 떠나서 정의와 공의로 행하여
15 저당물을 도로 주며 강탈한 물건을 돌려 보내고 생명의 율례를 지켜 행하여
죄악을 범하지 아니하면 그가 반드시 살고 죽지 아니할지라
16 그가 본래 범한 모든 죄가 기억되지 아니하리니 그가 반드시 살리라 이는
정의와 공의를 행하였음이라 하라
17 그래도 네 민족은 말하기를 주의 길이 바르지 아니하다 하는도다 그러나 실
상은 그들의 길이 바르지 아니하니라
18 만일 의인이 돌이켜 그 공의에서 떠나 죄악을 범하면 그가 그 가운데에서
죽을 것이고
19 만일 악인이 돌이켜 그 악에서 떠나 정의와 공의대로 행하면 그가 그로 말
미암아 살리라
20 그러나 너희가 이르기를 주의 길이 바르지 아니하다 하는도다 이스라엘 족
속아 나는 너희가 각기 행한 대로 심판하리라 하시니라

년　　월　　일

예루살렘의 함락 소식

21 우리가 사로잡힌 지 열두째 해 열째 달 다섯째 날에 예루살렘에서부터 도망
하여 온 자가 내게 나아와 말하기를 그 성이 함락되었다 하였는데
22 그 도망한 자가 내게 나아오기 전날 저녁에 여호와의 손이 내게 임하여 내
입을 여시더니 다음 아침 그 사람이 내게 나아올 그 때에 내 입이 열리기로
내가 다시는 잠잠하지 아니하였노라

백성의 죄와 여호와의 맹세

23 여호와의 말씀이 내게 임하여 이르시되
24 인자야 이 이스라엘의 이 황폐한 땅에 거주하는 자들이 말하여 이르기를 아
브라함은 오직 한 사람이라도 이 땅을 기업으로 얻었나니 우리가 많은즉 더
욱 이 땅을 우리에게 기업으로 주신 것이 되느니라 하는도다
25 그러므로 너는 그들에게 이르기를 주 여호와께서 이같이 말씀하시되 너희
가 고기를 피째 먹으며 너희 우상들에게 눈을 들며 피를 흘리니 그 땅이 너
희의 기업이 될까보냐
26 너희가 칼을 믿어 가증한 일을 행하며 각기 이웃의 아내를 더럽히니 그 땅
이 너희의 기업이 될까보냐 하고
27 너는 그들에게 이르기를 주 여호와께서 이같이 말씀하시되 내가 나의 삶을
두고 맹세하노니 황무지에 있는 자는 칼에 엎드러뜨리고 들에 있는 자는 들
짐승에게 넘겨 먹히게 하고 산성과 굴에 있는 자는 전염병에 죽게 하리라
28 내가 그 땅이 황무지와 공포의 대상이 되게 하고 그 권능의 교만을 그치게
하리니 이스라엘의 산들이 황폐하여 지나갈 사람이 없으리라
29 내가 그들이 행한 모든 가증한 일로 말미암아 그 땅을 황무지와 공포의 대
상이 되게 하면 그 때에 내가 여호와인 줄을 그들이 알리라 하라

선지자의 말과 백성

30 인자야 네 민족이 담 곁에서와 집 문에서 너에 대하여 말하며 각각 그 형제
와 더불어 말하여 이르기를 자, 가서 여호와께로부터 무슨 말씀이 나오는가
들어 보자 하고

31 백성이 모이는 것 같이 네게 나아오며 내 백성처럼 네 앞에 앉아서 네 말을
들으나 그대로 행하지 아니하니 이는 그 입으로는 사랑을 나타내어도 마음
으로는 이익을 따름이라

32 그들은 네가 고운 음성으로 사랑의 노래를 하며 음악을 잘하는 자 같이 여
겼나니 네 말을 듣고도 행하지 아니하거니와

33 그 말이 응하리니 응할 때에는 그들이 한 선지자가 자기 가운데에 있었음을
알리라

34장

자기만 먹는 이스라엘 목자들

1 여호와의 말씀이 내게 임하여 이르시되

2 인자야 너는 이스라엘 목자들에게 예언하라 그들 곧 목자들에게 예언하여
이르기를 주 여호와께서 이같이 말씀하시되 자기만 먹는 이스라엘 목자들
은 화 있을진저 목자들이 양 떼를 먹이는 것이 마땅하지 아니하냐

3 너희가 살진 양을 잡아 그 기름을 먹으며 그 털을 입되 양 떼는 먹이지 아니
하는도다

4 너희가 그 연약한 자를 강하게 아니하며 병든 자를 고치지 아니하며 상한
자를 싸매 주지 아니하며 쫓기는 자를 돌아오게 하지 아니하며 잃어버린 자
를 찾지 아니하고 다만 포악으로 그것들을 다스렸도다

5 목자가 없으므로 그것들이 흩어지고 흩어져서 모든 들짐승의 밥이 되었도다

6 내 양 떼가 모든 산과 높은 멧부리에마다 유리되었고 내 양 떼가 온 지면에
흩어졌으되 찾고 찾는 자가 없었도다

여호와께서 양 떼를 구원하시리라

7 그러므로 목자들아 여호와의 말씀을 들을지어다

8 주 여호와의 말씀에 내가 나의 삶을 두고 맹세하노라 내 양 떼가 노략 거리
가 되고 모든 들짐승의 밥이 된 것은 목자가 없기 때문이라 내 목자들이 내
양을 찾지 아니하고 자기만 먹이고 내 양 떼를 먹이지 아니하였도다

9 그러므로 너희 목자들아 여호와의 말씀을 들을지어다

10 주 여호와께서 이같이 말씀하시되 내가 목자들을 대적하여 내 양 떼를 그
들의 손에서 찾으리니 목자들이 양을 먹이지 못할 뿐 아니라 그들이 다시는
자기도 먹이지 못할지라 내가 내 양을 그들의 입에서 건져내어서 다시는 그
먹이가 되지 아니하게 하리라

11 주 여호와께서 이같이 말씀하셨느니라 나 곧 내가 내 양을 찾고 찾되

12 목자가 양 가운데에 있는 날에 양이 흩어졌으면 그 떼를 찾는 것 같이 내가
내 양을 찾아서 흐리고 캄캄한 날에 그 흩어진 모든 곳에서 그것들을 건져
낼지라

13 내가 그것들을 만민 가운데에서 끌어내며 여러 백성 가운데에서 모아 그 본
토로 데리고 가서 이스라엘 산 위에와 시냇가에와 그 땅 모든 거주지에서
먹이되

14 좋은 꼴을 먹이고 그 우리를 이스라엘 높은 산에 두리니 그것들이 그 곳에
있는 좋은 우리에 누워 있으며 이스라엘 산에서 살진 꼴을 먹으리라

15 내가 친히 내 양의 목자가 되어 그것들을 누워 있게 할지라 주 여호와의 말
씀이니라

16 그 잃어버린 자를 내가 찾으며 쫓기는 자를 내가 돌아오게 하며 상한 자를
내가 싸매 주며 병든 자를 내가 강하게 하려니와 살진 자와 강한 자는 내가
없애고 정의대로 그것들을 먹이리라

17 주 여호와께서 이같이 말씀하셨느니라 나의 양 떼 너희여 내가 양과 양 사
이와 숫양과 숫염소 사이에서 심판하노라

18 너희가 좋은 꼴을 먹는 것을 작은 일로 여기느냐 어찌하여 남은 꼴을 발로
밟았느냐 너희가 맑은 물을 마시는 것을 작은 일로 여기느냐 어찌하여 남은
물을 발로 더럽혔느냐

19 나의 양은 너희 발로 밟은 것을 먹으며 너희 발로 더럽힌 것을 마시는도다
하셨느니라
20 그러므로 주 여호와께서 그들에게 이같이 말씀하시되 나 곧 내가 살진 양과
파리한 양 사이에서 심판하리라
21 너희가 옆구리와 어깨로 밀어뜨리고 모든 병든 자를 뿔로 받아 무리를 밖으
로 흩어지게 하는도다
22 그러므로 내가 내 양 떼를 구원하여 그들로 다시는 노략 거리가 되지 아니
하게 하고 양과 양 사이에 심판하리라
23 내가 한 목자를 그들 위에 세워 먹이게 하리니 그는 내 종 다윗이라 그가 그
들을 먹이고 그들의 목자가 될지라
24 나 여호와는 그들의 하나님이 되고 내 종 다윗은 그들 중에 왕이 되리라 나
여호와의 말이니라
25 내가 또 그들과 화평의 언약을 맺고 악한 짐승을 그 땅에서 그치게 하리니
그들이 빈 들에 평안히 거하며 수풀 가운데에서 잘지라
26 내가 그들에게 복을 내리고 내 산 사방에 복을 내리며 때를 따라 소낙비를
내리되 복된 소낙비를 내리리라
27 그리한즉 밭에 나무가 열매를 맺으며 땅이 그 소산을 내리니 그들이 그 땅
에서 평안할지라 내가 그들의 멍에의 나무를 꺾고 그들을 종으로 삼은 자의
손에서 그들을 건져낸 후에 내가 여호와인 줄을 그들이 알겠고
28 그들이 다시는 이방의 노략 거리가 되지 아니하며 땅의 짐승들에게 잡아먹
히지도 아니하고 평안히 거주하리니 놀랠 사람이 없으리라
29 내가 그들을 위하여 파종할 좋은 땅을 일으키리니 그들이 다시는 그 땅에서
기근으로 멸망하지 아니할지며 다시는 여러 나라의 수치를 받지 아니할지라
30 그들이 내가 여호와 그들의 하나님이며 그들과 함께 있는 줄을 알고 그들
곧 이스라엘 족속이 내 백성인 줄 알리라 주 여호와의 말씀이라
31 내 양 곧 내 초장의 양 너희는 사람이요 나는 너희 하나님이라 주 여호와의
말씀이니라

년 월 일

35장

세일 산과 에돔이 황무하리라

1 또 여호와의 말씀이 내게 임하여 이르시되

2 인자야 네 얼굴을 세일 산으로 향하고 그에게 예언하여

3 이르기를 주 여호와께서 이같이 말씀하시되 세일 산아 내가 너를 대적하여
내 손을 네 위에 펴서 네가 황무지와 공포의 대상이 되게 할지라

4 내가 네 성읍들을 무너뜨리며 네가 황폐하게 되리니 네가 나를 여호와인 줄
을 알리라

5 네가 옛날부터 한을 품고 이스라엘 족속의 환난 때 곧 죄악의 마지막 때에
칼의 위력에 그들을 넘겼도다

6 그러므로 주 여호와의 말씀이니라 내가 나의 삶을 두고 맹세하노니 내가 너
에게 피를 만나게 한즉 피가 너를 따르리라 네가 피를 미워하지 아니하였은
즉 피가 너를 따르리라

7 내가 세일 산이 황무지와 폐허가 되게 하여 그 위에 왕래하는 자를 다 끊을
지라

8 내가 그 죽임 당한 자를 그 여러 산에 채우되 칼에 죽임 당한 자를 네 여러
멧부리와, 골짜기와, 모든 시내에 엎드러지게 하고

9 너를 영원히 황폐하게 하여 네 성읍들에 다시는 거주하는 자가 없게 하리니
내가 여호와인 줄을 너희가 알리라

10 네가 말하기를 이 두 민족과 두 땅은 다 내 것이며 내 기업이 되리라 하였도
다 그러나 여호와께서 거기에 계셨느니라

11 그러므로 주 여호와의 말씀이니라 내가 나의 삶을 두고 맹세하노니 네가 그
들을 미워하여 노하며 질투한 대로 내가 네게 행하여 너를 심판할 때에 그
들이 나를 알게 하리라

12 네가 이스라엘 산들을 가리켜 말하기를 저 산들이 황폐하였으므로 우리에
게 넘겨 주어서 삼키게 되었다 하여 욕하는 모든 말을 나 여호와가 들은 줄
을 네가 알리로다

13 너희가 나를 대적하여 입으로 자랑하며 나를 대적하여 여러 가지로 말한 것
을 내가 들었노라

14 주 여호와께서 이같이 말씀하셨느니라 온 땅이 즐거워할 때에 내가 너를 황
폐하게 하되

15 이스라엘 족속의 기업이 황폐하므로 네가 즐거워한 것 같이 내가 너를 황폐
하게 하리라 세일 산아 너와 에돔 온 땅이 황폐하리니 내가 여호와인 줄을
무리가 알리라 하셨다 하라

36장

이스라엘이 받을 복

1 인자야 너는 이스라엘 산들에게 예언하여 이르기를 이스라엘 산들아 여호
와의 말씀을 들으라

2 주 여호와께서 이같이 말씀하시기를 원수들이 네게 대하여 말하기를 아하
옛적 높은 곳이 우리의 기업이 되었도다 하였느니라

3 그러므로 너는 예언하여 이르기를 주 여호와께서 이같이 말씀하시기를 그
들이 너희를 황폐하게 하고 너희 사방을 삼켜 너희가 남은 이방인의 기업이
되게 하여 사람의 말 거리와 백성의 비방 거리가 되게 하였도다

4 그러므로 이스라엘 산들아 주 여호와의 말씀을 들을지어다 산들과 멧부리
들과 시내들과 골짜기들과 황폐한 사막들과 사방에 남아 있는 이방인의 노
략 거리와 조롱 거리가 된 버린 성읍들에게 주 여호와께서 이같이 말씀하셨
느니라

5 주 여호와께서 이같이 말씀하시기를 내가 진실로 내 맹렬한 질투로 남아
있는 이방인과 에돔 온 땅을 쳐서 말하였노니 이는 그들이 심히 즐거워하
는 마음과 멸시하는 심령으로 내 땅을 빼앗아 노략하여 자기 소유를 삼았
음이라

6 그러므로 너는 이스라엘 땅에 대하여 예언하되 그 산들과 멧부리들과 시
내들과 골짜기들에 관하여 이르기를 주 여호와께서 이같이 말씀하시기를
내가 내 질투와 내 분노로 말하였나니 이는 너희가 이방의 수치를 당하였
음이라

7 그러므로 주 여호와께서 이같이 말씀하시기를 내가 맹세하였은즉 너희 사
방에 있는 이방인이 자신들의 수치를 반드시 당하리라

8 그러나 너희 이스라엘 산들아 너희는 가지를 내고 내 백성 이스라엘을 위하
여 열매를 맺으리니 그들이 올 때가 가까이 이르렀음이라

9 내가 돌이켜 너희와 함께 하리니 사람이 너희를 갈고 심을 것이며

10 내가 또 사람을 너희 위에 많게 하리니 이들은 이스라엘 온 족속이라 그들
을 성읍들에 거주하게 하며 빈 땅에 건축하게 하리라

11 내가 너희 위에 사람과 짐승을 많게 하되 그들의 수가 많고 번성하게 할 것
이라 너희 전 지위대로 사람이 거주하게 하여 너희를 처음보다 낫게 대우하
리니 내가 여호와인 줄을 너희가 알리라

12 내가 사람을 너희 위에 다니게 하리니 그들은 내 백성 이스라엘이라 그들
은 너를 얻고 너는 그 기업이 되어 다시는 그들이 자식들을 잃어버리지 않
게 하리라

13 주 여호와께서 이같이 말씀하셨느니라 그들이 너희에게 이르기를 너는 사
람을 삼키는 자요 네 나라 백성을 제거한 자라 하거니와

14 네가 다시는 사람을 삼키지 아니하며 다시는 네 나라 백성을 제거하지 아니
하리라 주 여호와의 말씀이니라

15 내가 또 너를 여러 나라의 수치를 듣지 아니하게 하며 만민의 비방을 다시
받지 아니하게 하며 네 나라 백성을 다시 넘어뜨리지 아니하게 하리라 주
여호와의 말씀이니라 하셨다 하라

이스라엘을 정결하게 하시다

16 여호와의 말씀이 또 내게 임하여 이르시되

년 월 일

17 인자야 이스라엘 족속이 그들의 고국 땅에 거주할 때에 그들의 행위로 그
땅을 더럽혔나니 나 보기에 그 행위가 월경 중에 있는 여인의 부정함과 같
았느니라

18 그들이 땅 위에 피를 쏟았으며 그 우상들로 말미암아 자신들을 더럽혔으므
로 내가 분노를 그들 위에 쏟아

19 그들을 그 행위대로 심판하여 각국에 흩으며 여러 나라에 헤쳤더니

20 그들이 이른바 그 여러 나라에서 내 거룩한 이름이 그들로 말미암아 더러워
졌나니 곧 사람들이 그들을 가리켜 이르기를 이들은 여호와의 백성이라도
여호와의 땅에서 떠난 자라 하였음이라

21 그러나 이스라엘 족속이 들어간 그 여러 나라에서 더럽힌 내 거룩한 이름을
내가 아꼈노라

22 그러므로 너는 이스라엘 족속에게 이르기를 주 여호와께서 이같이 말씀하
시기를 이스라엘 족속아 내가 이렇게 행함은 너희를 위함이 아니요 너희가
들어간 그 여러 나라에서 더럽힌 나의 거룩한 이름을 위함이라

23 여러 나라 가운데에서 더럽혀진 이름 곧 너희가 그들 가운데에서 더럽힌 나
의 큰 이름을 내가 거룩하게 할지라 내가 그들의 눈 앞에서 너희로 말미암
아 나의 거룩함을 나타내리니 내가 여호와인 줄을 여러 나라 사람이 알리라
주 여호와의 말씀이니라

24 내가 너희를 여러 나라 가운데에서 인도하여 내고 여러 민족 가운데에서 모
아 데리고 고국 땅에 들어가서

25 맑은 물을 너희에게 뿌려서 너희로 정결하게 하되 곧 너희 모든 더러운 것
에서와 모든 우상 숭배에서 너희를 정결하게 할 것이며

26 또 새 영을 너희 속에 두고 새 마음을 너희에게 주되 너희 육신에서 굳은 마
음을 제거하고 부드러운 마음을 줄 것이며

27 또 내 영을 너희 속에 두어 너희로 내 율례를 행하게 하리니 너희가 내 규례
를 지켜 행할지라

28 내가 너희 조상들에게 준 땅에서 너희가 거주하면서 내 백성이 되고 나는
너희 하나님이 되리라

29 내가 너희를 모든 더러운 데에서 구원하고 곡식이 풍성하게 하여 기근이 너
희에게 닥치지 아니하게 할 것이며

30 또 나무의 열매와 밭의 소산을 풍성하게 하여 너희가 다시는 기근의 욕을
여러 나라에게 당하지 아니하게 하리니

31 그 때에 너희가 너희 악한 길과 너희 좋지 못한 행위를 기억하고 너희 모든
죄악과 가증한 일로 말미암아 스스로 밉게 보리라

32 주 여호와의 말씀이니라 내가 이렇게 행함은 너희를 위함이 아닌 줄을 너희
가 알리라 이스라엘 족속아 너희 행위로 말미암아 부끄러워하고 한탄할지
어다

33 주 여호와께서 이같이 말씀하셨느니라 내가 너희를 모든 죄악에서 정결하
게 하는 날에 성읍들에 사람이 거주하게 하며 황폐한 것이 건축되게 할 것
인즉

34 전에는 지나가는 자의 눈에 황폐하게 보이던 그 황폐한 땅이 장차 경작이
될지라

35 사람이 이르기를 이 땅이 황폐하더니 이제는 에덴 동산 같이 되었고 황량하
고 적막하고 무너진 성읍들에 성벽과 주민이 있다 하리니

36 너희 사방에 남은 이방 사람이 나 여호와가 무너진 곳을 건축하며 황폐한
자리에 심은 줄을 알리라 나 여호와가 말하였으니 이루리라

37 주 여호와께서 이같이 말씀하셨느니라 그래도 이스라엘 족속이 이같이 자
기들에게 이루어 주기를 내게 구하여야 할지라 내가 그들의 수효를 양 떼
같이 많아지게 하되

38 제사 드릴 양 떼 곧 예루살렘이 정한 절기의 양 무리 같이 황폐한 성읍을 사
람의 떼로 채우리라 그리한즉 그들이 나를 여호와인 줄 알리라 하셨느니라

년 월 일

37장

마른 뼈들이 살아나다

1 여호와께서 권능으로 내게 임재하시고 그의 영으로 나를 데리고 가서 골짜
기 가운데 두셨는데 거기 뼈가 가득하더라

2 나를 그 뼈 사방으로 지나가게 하시기로 본즉 그 골짜기 지면에 뼈가 심히
많고 아주 말랐더라

3 그가 내게 이르시되 인자야 이 뼈들이 능히 살 수 있겠느냐 하시기로 내가
대답하되 주 여호와여 주께서 아시나이다

4 또 내게 이르시되 너는 이 모든 뼈에게 대언하여 이르기를 너희 마른 뼈들
아 여호와의 말씀을 들을지어다

5 주 여호와께서 이 뼈들에게 이같이 말씀하시기를 내가 생기를 너희에게 들
어가게 하리니 너희가 살아나리라

6 너희 위에 힘줄을 두고 살을 입히고 가죽으로 덮고 너희 속에 생기를 넣으
리니 너희가 살아나리라 또 내가 여호와인 줄 너희가 알리라 하셨다 하라

7 이에 내가 명령을 따라 대언하니 대언할 때에 소리가 나고 움직이며 이 뼈,
저 뼈가 들어 맞아 뼈들이 서로 연결되더라

8 내가 또 보니 그 뼈에 힘줄이 생기고 살이 오르며 그 위에 가죽이 덮이나 그
속에 생기는 없더라

9 또 내게 이르시되 인자야 너는 생기를 향하여 대언하라 생기에게 대언하여
이르기를 주 여호와께서 이같이 말씀하시기를 생기야 사방에서부터 와서
이 죽음을 당한 자에게 불어서 살아나게 하라 하셨다 하라

10 이에 내가 그 명령대로 대언하였더니 생기가 그들에게 들어가매 그들이 곧
살아나서 일어나 서는데 극히 큰 군대더라

11 또 내게 이르시되 인자야 이 뼈들은 이스라엘 온 족속이라 그들이 이르기를
우리의 뼈들이 말랐고 우리의 소망이 없어졌으니 우리는 다 멸절되었다 하
느니라

년 월 일

12 그러므로 너는 대언하여 그들에게 이르기를 주 여호와께서 이같이 말씀하
시기를 내 백성들아 내가 너희 무덤을 열고 너희로 거기에서 나오게 하고
이스라엘 땅으로 들어가게 하리라

13 내 백성들아 내가 너희 무덤을 열고 너희로 거기에서 나오게 한즉 너희는
내가 여호와인 줄을 알리라

14 내가 또 내 영을 너희 속에 두어 너희가 살아나게 하고 내가 또 너희를 너희
고국 땅에 두리니 나 여호와가 이 일을 말하고 이룬 줄을 너희가 알리라 여
호와의 말씀이니라

유다와 이스라엘의 통일

15 여호와의 말씀이 또 내게 임하여 이르시되

16 인자야 너는 막대기 하나를 가져다가 그 위에 유다와 그 짝 이스라엘 자손
이라 쓰고 또 다른 막대기 하나를 가지고 그 위에 에브라임의 막대기 곧 요
셉과 그 짝 이스라엘 온 족속이라 쓰고

17 그 막대기들을 서로 합하여 하나가 되게 하라 네 손에서 둘이 하나가 되
리라

18 네 민족이 네게 말하여 이르기를 이것이 무슨 뜻인지 우리에게 말하지 아니
하겠느냐 하거든

19 너는 곧 이르기를 주 여호와께서 이같이 말씀하시기를 내가 에브라임의
손에 있는 바 요셉과 그 짝 이스라엘 지파들의 막대기를 가져다가 유다의
막대기에 붙여서 한 막대기가 되게 한즉 내 손에서 하나가 되리라 하셨다
하고

20 너는 그 글 쓴 막대기들을 무리의 눈 앞에서 손에 잡고

21 그들에게 이르기를 주 여호와께서 이같이 말씀하시기를 내가 이스라엘 자
손을 잡혀 간 여러 나라에서 인도하며 그 사방에서 모아서 그 고국 땅으로
돌아가게 하고

년 월 일

22 그 땅 이스라엘 모든 산에서 그들이 한 나라를 이루어서 한 임금이 모두 다
스리게 하리니 그들이 다시는 두 민족이 되지 아니하며 두 나라로 나누이지
아니할지라
23 그들이 그 우상들과 가증한 물건과 그 모든 죄악으로 더 이상 자신들을 더
럽히지 아니하리라 내가 그들을 그 범죄한 모든 처소에서 구원하여 정결하
게 한즉 그들은 내 백성이 되고 나는 그들의 하나님이 되리라
24 내 종 다윗이 그들의 왕이 되리니 그들 모두에게 한 목자가 있을 것이라 그
들이 내 규례를 준수하고 내 율례를 지켜 행하며
25 내가 내 종 야곱에게 준 땅 곧 그의 조상들이 거주하던 땅에 그들이 거주하
되 그들과 그들의 자자 손손이 영원히 거기에 거주할 것이요 내 종 다윗이
영원히 그들의 왕이 되리라
26 내가 그들과 화평의 언약을 세워서 영원한 언약이 되게 하고 또 그들을 견
고하고 번성하게 하며 내 성소를 그 가운데에 세워서 영원히 이르게 하리니
27 내 처소가 그들 가운데에 있을 것이며 나는 그들의 하나님이 되고 그들은
내 백성이 되리라
28 내 성소가 영원토록 그들 가운데에 있으리니 내가 이스라엘을 거룩하게 하
는 여호와인 줄을 열국이 알리라 하셨다 하라

38장

하나님의 도구 곡

1 여호와의 말씀이 내게 임하여 이르시되

2 인자야 너는 마곡 땅에 있는 로스와 메섹과 두발 왕 곧 곡에게로 얼굴을 향하고 그에게 예언하여

3 이르기를 주 여호와께서 이같이 말씀하시기를 로스와 메섹과 두발 왕 곡아 내가 너를 대적하여

4 너를 돌이켜 갈고리로 네 아가리를 꿰고 너와 말과 기마병 곧 네 온 군대를 끌어내되 완전한 갑옷을 입고 큰 방패와 작은 방패를 가지며 칼을 잡은 큰 무리와

5 그들과 함께 한 방패와 투구를 갖춘 바사와 구스와 붓과

6 고멜과 그 모든 떼와 북쪽 끝의 도갈마 족속과 그 모든 떼 곧 많은 백성의 무리를 너와 함께 끌어내리라

7 너는 스스로 예비하되 너와 네게 모인 무리들이 다 스스로 예비하고 너는 그들의 우두머리가 될지어다

8 여러 날 후 곧 말년에 네가 명령을 받고 그 땅 곧 오래 황폐하였던 이스라엘 산에 이르리니 그 땅 백성은 칼을 벗어나서 여러 나라에서 모여 들어오며 이방에서 나와 다 평안히 거주하는 중이라

9 네가 올라오되 너와 네 모든 떼와 너와 함께 한 많은 백성이 광풍 같이 이르고 구름 같이 땅을 덮으리라

10 주 여호와께서 이같이 말씀하셨느니라 그 날에 네 마음에서 여러 가지 생각이 나서 악한 꾀를 내어

11 말하기를 내가 평원의 고을들로 올라 가리라 성벽도 없고 문이나 빗장이 없어도 염려 없이 다 평안히 거주하는 백성에게 나아가서

12 물건을 겁탈하며 노략하리라 하고 네 손을 들어서 황폐하였다가 지금 사람이 거주하는 땅과 여러 나라에서 모여서 짐승과 재물을 얻고 세상 중앙에 거주하는 백성을 치고자 할 때에

13 스바와 드단과 다시스의 상인과 그 부자들이 네게 이르기를 네가 탈취하러
왔느냐 네가 네 무리를 모아 노략하고자 하느냐 은과 금을 빼앗으며 짐승과
재물을 빼앗으며 물건을 크게 약탈하여 가고자 하느냐 하리라

14 인자야 너는 또 예언하여 곡에게 이르기를 주 여호와께서 이같이 말씀하시
기를 내 백성 이스라엘이 평안히 거주하는 날에 네가 어찌 그것을 알지 못
하겠느냐

15 네가 네 고국 땅 북쪽 끝에서 많은 백성 곧 다 말을 탄 큰 무리와 능한 군대
와 함께 오되

16 구름이 땅을 덮음 같이 내 백성 이스라엘을 치러 오리라 곡아 끝 날에 내가
너를 이끌어다가 내 땅을 치게 하리니 이는 내가 너로 말미암아 이방 사람
의 눈 앞에서 내 거룩함을 나타내어 그들이 다 나를 알게 하려 함이라

곡의 심판

17 주 여호와께서 이같이 말씀하셨느니라 내가 옛적에 내 종 이스라엘 선지자
들을 통하여 말한 사람이 네가 아니냐 그들이 그 때에 여러 해 동안 예언하
기를 내가 너를 이끌어다가 그들을 치게 하리라

18 그 날에 곡이 이스라엘 땅을 치러 오면 내 노여움이 내 얼굴에 나타나리라
주 여호와의 말씀이니라

19 내가 질투와 맹렬한 노여움으로 말하였거니와 그 날에 큰 지진이 이스라엘
땅에 일어나서

20 바다의 고기들과 공중의 새들과 들의 짐승들과 땅에 기는 모든 벌레와 지면
에 있는 모든 사람이 내 앞에서 떨 것이며 모든 산이 무너지며 절벽이 떨어
지며 모든 성벽이 땅에 무너지리라

21 주 여호와의 말씀이니라 내가 내 모든 산 중에서 그를 칠 칼을 부르리니 각
사람이 칼로 그 형제를 칠 것이며

22 내가 또 전염병과 피로 그를 심판하며 쏟아지는 폭우와 큰 우박덩이와 불과
유황으로 그와 그 모든 무리와 그와 함께 있는 많은 백성에게 비를 내리듯
하리라

23 이같이 내가 여러 나라의 눈에 내 위대함과 내 거룩함을 나타내어 나를 알
게 하리니 내가 여호와인 줄을 그들이 알리라

39장

침략자 곡의 멸망

1 그러므로 인자야 너는 곡에게 예언하여 이르기를 주 여호와께서 이같이 말
씀하시되 로스와 메섹과 두발 왕 곡아 내가 너를 대적하여

2 너를 돌이켜서 이끌고 북쪽 끝에서부터 나와서 이스라엘 산 위에 이르러

3 네 활을 쳐서 네 왼손에서 떨어뜨리고 네 화살을 네 오른손에서 떨어뜨리리
니

4 너와 네 모든 무리와 너와 함께 있는 백성이 다 이스라엘 산 위에 엎드러지
리라 내가 너를 각종 사나운 새와 들짐승에게 넘겨 먹게 하리니

5 네가 빈 들에 엎드러지리라 이는 내가 말하였음이니라 주 여호와의 말씀이
니라

6 내가 또 불을 마곡과 및 섬에 평안히 거주하는 자에게 내리리니 내가 여호
와인 줄을 그들이 알리라

7 내가 내 거룩한 이름을 내 백성 이스라엘 가운데에 알게 하여 다시는 내 거
룩한 이름을 더럽히지 아니하게 하리니 내가 여호와 곧 이스라엘의 거룩한
자인 줄을 민족들이 알리라 하라

8 주 여호와의 말씀이니라 볼지어다 그 날이 와서 이루어지리니 내가 말한 그
날이 이 날이라

년 월 일

9 이스라엘 성읍들에 거주하는 자가 나가서 그들의 무기를 불태워 사르되 큰
방패와 작은 방패와 활과 화살과 몽둥이와 창을 가지고 일곱 해 동안 불태
우리라

10 이같이 그 무기로 불을 피울 것이므로 그들이 들에서 나무를 주워 오지 아
니하며 숲에서 벌목하지 아니하겠고 전에 자기에게서 약탈하던 자의 것을
약탈하며 전에 자기에게서 늑탈하던 자의 것을 늑탈하리라 주 여호와의 말
씀이니라

11 그 날에 내가 곡을 위하여 이스라엘 땅 곧 바다 동쪽 사람이 통행하는 골짜
기를 매장지로 주리니 통행하던 길이 막힐 것이라 사람이 거기에서 곡과 그
모든 무리를 매장하고 그 이름을 하몬곡의 골짜기라 일컬으리라

12 이스라엘 족속이 일곱 달 동안에 그들을 매장하여 그 땅을 정결하게 할 것
이라

13 그 땅 모든 백성이 그들을 매장하고 그로 말미암아 이름을 얻으리니 이는
나의 영광이 나타나는 날이니라 주 여호와의 말씀이니라

14 그들이 사람을 택하여 그 땅에 늘 순행하며 매장할 사람과 더불어 지면에
남아 있는 시체를 매장하여 그 땅을 정결하게 할 것이라 일곱 달 후에 그들
이 살펴 보되

15 지나가는 사람들이 그 땅으로 지나가다가 사람의 뼈를 보면 그 곁에 푯말을
세워 매장하는 사람에게 가서 하몬곡 골짜기에 매장하게 할 것이요

16 성읍의 이름도 하모나라 하리라 그들이 이같이 그 땅을 정결하게 하리라

17 주 여호와께서 이같이 말씀하셨느니라 너 인자야 너는 각종 새와 들의 각
종 짐승에게 이르기를 너희는 모여 오라 내가 너희를 위한 잔치 곧 이스라
엘 산 위에 예비한 큰 잔치로 너희는 사방에서 모여 살을 먹으며 피를 마실
지어다

18 너희가 용사의 살을 먹으며 세상 왕들의 피를 마시기를 바산의 살진 짐승
곧 숫양이나 어린 양이나 염소나 수송아지를 먹듯 할지라

19 내가 너희를 위하여 예비한 잔치의 기름을 너희가 배불리 먹으며 그 피를
취하도록 마시되
20 내 상에서 말과 기병과 용사와 모든 군사를 배부르게 먹일지니라 하라 주
여호와의 말씀이니라

이스라엘의 회복

21 내가 내 영광을 여러 민족 가운데에 나타내어 모든 민족이 내가 행한 심판
과 내가 그 위에 나타낸 권능을 보게 하리니
22 그 날 이후에 이스라엘 족속은 내가 여호와 자기들의 하나님인 줄을 알겠고
23 여러 민족은 이스라엘 족속이 그 죄악으로 말미암아 사로잡혀 갔던 줄을 알
지라 그들이 내게 범죄하였으므로 내 얼굴을 그들에게 가리고 그들을 그 원
수의 손에 넘겨 다 칼에 엎드러지게 하였으되
24 내가 그들의 더러움과 그들의 범죄한 대로 행하여 그들에게 내 얼굴을 가리
었었느니라
25 그러므로 주 여호와께서 이같이 말씀하셨느니라 내가 이제 내 거룩한 이름
을 위하여 열심을 내어 야곱의 사로잡힌 자를 돌아오게 하며 이스라엘 온
족속에게 사랑을 베풀지라
26 그들이 그 땅에 평안히 거주하고 두렵게 할 자가 없게 될 때에 부끄러움을
품고 내게 범한 죄를 뉘우치리니
27 내가 그들을 만민 중에서 돌아오게 하고 적국 중에서 모아 내어 많은 민족
이 보는 데에서 그들로 말미암아 나의 거룩함을 나타낼 때라
28 전에는 내가 그들이 사로잡혀 여러 나라에 이르게 하였거니와 후에는 내가
그들을 모아 고국 땅으로 돌아오게 하고 그 한 사람도 이방에 남기지 아니
하리니 그들이 내가 여호와 자기들의 하나님인 줄을 알리라
29 내가 다시는 내 얼굴을 그들에게 가리지 아니하리니 이는 내가 내 영을 이
스라엘 족속에게 쏟았음이라 주 여호와의 말씀이니라

년 월 일

40장

이상 중에 본 성읍

1 우리가 사로잡힌 지 스물다섯째 해, 성이 함락된 후 열넷째 해 첫째 달 열째
날에 곧 그 날에 여호와의 권능이 내게 임하여 나를 데리고 이스라엘 땅으
로 가시되

2 하나님의 이상 중에 나를 데리고 이스라엘 땅에 이르러 나를 매우 높은 산
위에 내려놓으시는데 거기에서 남으로 향하여 성읍 형상 같은 것이 있더라

3 나를 데리시고 거기에 이르시니 모양이 놋 같이 빛난 사람 하나가 손에 삼
줄과 측량하는 장대를 가지고 문에 서 있더니

4 그 사람이 내게 이르되 인자야 내가 네게 보이는 그것을 눈으로 보고 귀로
들으며 네 마음으로 생각할지어다 내가 이것을 네게 보이려고 이리로 데리
고 왔나니 너는 본 것을 다 이스라엘 족속에게 전할지어다 하더라

동쪽을 향한 문

5 내가 본즉 집 바깥 사방으로 담이 있더라 그 사람의 손에 측량하는 장대를
잡았는데 그 길이가 팔꿈치에서 손가락에 이르고 한 손바닥 너비가 더한 자
로 여섯 척이라 그 담을 측량하니 두께가 한 장대요 높이도 한 장대며

6 그가 동쪽을 향한 문에 이르러 층계에 올라 그 문의 통로를 측량하니 길이
가 한 장대요 그 문 안쪽 통로의 길이도 한 장대며

7 그 문간에 문지기 방들이 있는데 각기 길이가 한 장대요 너비가 한 장대요
각방 사이 벽이 다섯 척이며 안쪽 문 통로의 길이가 한 장대요 그 앞에 현관
이 있고 그 앞에 안 문이 있으며

8 그가 또 안 문의 현관을 측량하니 한 장대며

9 안 문의 현관을 또 측량하니 여덟 척이요 그 문 벽은 두 척이라 그 문의 현
관이 안으로 향하였으며

10 그 동문간의 문지기 방은 왼쪽에 셋이 있고 오른쪽에 셋이 있으니 그 셋이
각각 같은 크기요 그 좌우편 벽도 다 같은 크기며

11 또 그 문 통로를 측량하니 너비가 열 척이요 길이가 열세 척이며

12 방 앞에 간막이 벽이 있는데 이쪽 간막이 벽도 한 척이요 저쪽 간막이 벽도
한 척이며 그 방은 이쪽도 여섯 척이요 저쪽도 여섯 척이며

13 그가 그 문간을 측량하니 이 방 지붕 가에서 저 방 지붕 가까지 너비가 스물
다섯 척인데 방문은 서로 반대되었으며

14 그가 또 현관을 측량하니 너비가 스무 척이요 현관 사방에 뜰이 있으며

15 바깥 문 통로에서부터 안 문 현관 앞까지 쉰 척이며

16 문지기 방에는 각각 닫힌 창이 있고 문 안 좌우편에 있는 벽 사이에도 창이
있고 그 현관도 그러하고 그 창은 안 좌우편으로 벌여 있으며 각 문 벽 위에
는 종려나무를 새겼더라

바깥뜰

17 그가 나를 데리고 바깥뜰에 들어가니 뜰 삼면에 박석 깔린 땅이 있고 그 박
석 깔린 땅 위에 여러 방이 있는데 모두 서른이며

18 그 박석 깔린 땅의 위치는 각 문간의 좌우편인데 그 너비가 문간 길이와 같
으니 이는 아래 박석 땅이며

19 그가 아래 문간 앞에서부터 안뜰 바깥 문간 앞까지 측량하니 그 너비가 백
척이며 동쪽과 북쪽이 같더라

북쪽을 향한 문

20 그가 바깥뜰 북쪽을 향한 문간의 길이와 너비를 측량하니

21 길이는 쉰 척이요 너비는 스물다섯 척이며 문지기 방이 이쪽에도 셋이요 저
쪽에도 셋이요 그 벽과 그 현관도 먼저 측량한 문간과 같으며

22 그 창과 현관의 길이와 너비와 종려나무가 다 동쪽을 향한 문간과 같으며
그 문간으로 올라가는 일곱 층계가 있고 그 안에 현관이 있으며

23 안뜰에도 북쪽 문간과 동쪽 문간과 마주 대한 문간들이 있는데 그가 이 문
간에서 맞은쪽 문간까지 측량하니 백 척이더라

남쪽을 향한 문

24 그가 또 나를 이끌고 남으로 간즉 남쪽을 향한 문간이 있는데 그 벽과 현관
을 측량하니 먼저 측량한 것과 같고

25 그 문간과 현관 좌우에 있는 창도 먼저 말한 창과 같더라 그 문간의 길이는
쉰 척이요 너비는 스물다섯 척이며

26 또 그리로 올라가는 일곱 층계가 있고 그 안에 현관이 있으며 또 이쪽 저쪽
문 벽 위에 종려나무를 새겼으며

27 안뜰에도 남쪽을 향한 문간이 있는데 그가 남쪽을 향한 그 문간에서 맞은쪽
문간까지 측량하니 백 척이더라

안뜰 남쪽 문

28 그가 나를 데리고 그 남문을 통하여 안뜰에 들어가서 그 남문의 너비를 측
량하니 크기는

29 길이가 쉰 척이요 너비가 스물다섯 척이며 그 문지기 방과 벽과 현관도 먼
저 측량한 것과 같고 그 문간과 그 현관 좌우에도 창이 있으며

30 그 사방 현관의 길이는 스물다섯 척이요 너비는 다섯 척이며

31 현관이 바깥뜰로 향하였고 그 문 벽 위에도 종려나무를 새겼으며 그 문간으
로 올라가는 여덟 층계가 있더라

안뜰 동쪽 문

32 그가 나를 데리고 안뜰 동쪽으로 가서 그 문간을 측량하니 크기는

33 길이가 쉰 척이요 너비가 스물다섯 척이며 그 문지기 방과 벽과 현관이 먼
저 측량한 것과 같고 그 문간과 그 현관 좌우에도 창이 있으며

34 그 현관이 바깥뜰로 향하였고 그 이쪽, 저쪽 문 벽 위에도 종려나무를 새겼
으며 그 문간으로 올라가는 여덟 층계가 있더라

안뜰 북쪽 문

35 그가 또 나를 데리고 북문에 이르러 측량하니 크기는

36 길이가 쉰 척이요 너비가 스물다섯 척이며 그 문지기 방과 벽과 현관이 다
그러하여 그 좌우에도 창이 있으며

37 그 현관이 바깥뜰로 향하였고 그 이쪽, 저쪽 문 벽 위에도 종려나무를 새겼
으며 그 문간으로 올라가는 여덟 층계가 있더라

안뜰 북쪽 문의 부속 건물들

38 그 문 벽 곁에 문이 있는 방이 있는데 그것은 번제물을 씻는 방이며

39 그 문의 현관 이쪽에 상 둘이 있고 저쪽에 상 둘이 있으니 그 위에서 번제와
속죄제와 속건제의 희생제물을 잡게 한 것이며

40 그 북문 바깥 곧 입구로 올라가는 곳 이쪽에 상 둘이 있고 문의 현관 저쪽에
상 둘이 있으니

41 문 곁 이쪽에 상이 넷이 있고 저쪽에 상이 넷이 있어 상이 모두 여덟 개라
그 위에서 희생제물을 잡았더라

42 또 다듬은 돌로 만들어 번제에 쓰는 상 넷이 있는데 그 길이는 한 척 반이요
너비는 한 척 반이요 높이는 한 척이라 번제의 희생제물을 잡을 때에 쓰는
기구가 그 위에 놓였으며

43 현관 안에는 길이가 손바닥 넓이만한 갈고리가 사방에 박혔으며 상들에는
희생제물의 고기가 있더라

44 안문 밖에 있는 안뜰에는 노래하는 자의 방 둘이 있는데 북문 곁에 있는 방
은 남쪽으로 향하였고 남문 곁에 있는 방은 북쪽으로 향하였더라

45 그가 내게 이르되 남쪽을 향한 이 방은 성전을 지키는 제사장들이 쓸 것이
요

46 북쪽을 향한 방은 제단을 지키는 제사장들이 쓸 것이라 이들은 레위의 후손
중 사독의 자손으로서 여호와께 가까이 나아가 수종드는 자니라 하고

47 그가 또 그 뜰을 측량하니 길이는 백 척이요 너비는 백 척이라 네모 반듯하
며 제단은 성전 앞에 있더라

성전 문 현관

48 그가 나를 데리고 성전 문 현관에 이르러 그 문의 좌우 벽을 측량하니 너비
는 이쪽도 다섯 척이요 저쪽도 다섯 척이며 두께는 문 이쪽도 세 척이요 문
저쪽도 세 척이며

49 그 현관의 너비는 스무 척이요 길이는 열한 척이며 문간으로 올라가는 층계
가 있고 문 벽 곁에는 기둥이 있는데 하나는 이쪽에 있고 다른 하나는 저쪽
에 있더라

41장

성소와 지성소와 골방들

1 그가 나를 데리고 성전에 이르러 그 문 벽을 측량하니 이쪽 두께도 여섯 척
이요 저쪽 두께도 여섯 척이라 두께가 그와 같으며

2 그 문 통로의 너비는 열 척이요 문 통로 이쪽 벽의 너비는 다섯 척이요 저쪽
벽의 너비는 다섯 척이며 그가 성소를 측량하니 그 길이는 마흔 척이요 그
너비는 스무 척이며

3 그가 안으로 들어가서 내전 문 통로의 벽을 측량하니 두께는 두 척이요 문
통로가 여섯 척이요 문 통로의 벽의 너비는 각기 일곱 척이며

4 그가 내전을 측량하니 길이는 스무 척이요 너비는 스무 척이라 그가 내게
이르되 이는 지성소니라 하고

5 성전의 벽을 측량하니 두께가 여섯 척이며 성전 삼면에 골방이 있는데 너비
는 각기 네 척이며

6 골방은 삼 층인데 골방 위에 골방이 있어 모두 서른이라 그 삼면 골방이 성
전 벽 밖으로 그 벽에 붙어 있는데 성전 벽 속을 뚫지는 아니하였으며

7 이 두루 있는 골방은 그 층이 높아질수록 넓으므로 성전에 둘린 이 골방이
높아질수록 성전에 가까워졌으나 성전의 넓이는 아래 위가 같으며 골방은
아래층에서 중층으로 위층에 올라가게 되었더라

년 월 일

8 내가 보니 성전 삼면의 지대 곧 모든 골방 밑 지대의 높이는 한 장대 곧 큰
자로 여섯 척인데
9 성전에 붙어 있는 그 골방 바깥 벽 두께는 다섯 척이요 그 외에 빈 터가 남
았으며
10 성전 골방 삼면에 너비가 스무 척 되는 뜰이 둘려 있으며
11 그 골방 문은 다 빈 터로 향하였는데 한 문은 북쪽으로 향하였고 한 문은 남
쪽으로 향하였으며 그 둘려 있는 빈 터의 너비는 다섯 척이더라

서쪽 건물과 성전의 넓이

12 서쪽 뜰 뒤에 건물이 있는데 너비는 일흔 척이요 길이는 아흔 척이며 그 사
방 벽의 두께는 다섯 척이더라
13 그가 성전을 측량하니 길이는 백 척이요 또 서쪽 뜰과 그 건물과 그 벽을 합
하여 길이는 백 척이요
14 성전 앞면의 너비는 백 척이요 그 앞 동쪽을 향한 뜰의 너비도 그러하며
15 그가 뒤뜰 너머 있는 건물을 측량하니 그 좌우편 회랑까지 백 척이더라 내
전과 외전과 그 뜰의 현관과
16 문 통로 벽과 닫힌 창과 삼면에 둘려 있는 회랑은 문 통로 안쪽에서부터 땅
에서 창까지 널판자로 가렸고(창은 이미 닫혔더라)
17 문 통로 위와 내전과 외전의 사방 벽도 다 그러하니 곧 측량한 크기대로며
18 널판자에는 그룹들과 종려나무를 새겼는데 두 그룹 사이에 종려나무 한 그
루가 있으며 각 그룹에 두 얼굴이 있으니
19 하나는 사람의 얼굴이라 이쪽 종려나무를 향하였고 하나는 어린 사자의 얼
굴이라 저쪽 종려나무를 향하였으며 온 성전 사방이 다 그러하여
20 땅에서부터 문 통로 위에까지 그룹들과 종려나무들을 새겼으니 성전 벽이
다 그러하더라

나무 제단과 성전의 문들

21 외전 문설주는 네모졌고 내전 전면에 있는 양식은 이러하니

22 곧 나무 제단의 높이는 세 척이요 길이는 두 척이며 그 모퉁이와 옆과 면을
다 나무로 만들었더라 그가 내게 이르되 이는 여호와의 앞의 상이라 하더라

23 내전과 외전에 각기 문이 있는데

24 문마다 각기 두 문짝 곧 접는 두 문짝이 있어 이 문에 두 짝이요 저 문에 두
짝이며

25 이 성전 문에 그룹과 종려나무를 새겼는데 벽에 있는 것과 같고 현관 앞에
는 나무 디딤판이 있으며

26 현관 좌우편에는 닫힌 창도 있고 종려나무도 새겨져 있고 성전의 골방과 디
딤판도 그러하더라

년 월 일

42장

제사장 방

1 그가 나를 데리고 밖으로 나가 북쪽 뜰로 가서 두 방에 이르니 그 두 방의
하나는 골방 앞 뜰을 향하였고 다른 하나는 북쪽 건물을 향하였는데

2 그 방들의 자리의 길이는 백 척이요 너비는 쉰 척이며 그 문은 북쪽을 향하
였고

3 그 방 삼층에 회랑들이 있는데 한 방의 회랑은 스무 척 되는 안뜰과 마주 대
하였고 다른 한 방의 회랑은 바깥뜰 박석 깔린 곳과 마주 대하였으며

4 그 두 방 사이에 통한 길이 있어 너비는 열 척이요 길이는 백 척이며 그 문
들은 북쪽을 향하였으며

5 그 위층의 방은 가장 좁으니 이는 회랑들로 말미암아 아래층과 가운데 층보
다 위층이 더 줄어짐이라

6 그 방은 삼층인데도 뜰의 기둥 같은 기둥이 없으므로 그 위층이 아래층과
가운데 층보다 더욱 좁아짐이더라

7 그 한 방의 바깥 담 곧 뜰의 담과 마주 대한 담의 길이는 쉰 척이니

8 바깥뜰로 향한 방의 길이는 쉰 척이며 성전 앞을 향한 방은 백 척이며

9 이 방들 아래에 동쪽에서 들어가는 통행구가 있으니 곧 바깥뜰에서 들어가
는 통행구더라

10 남쪽 골방 뜰 맞은쪽과 남쪽 건물 맞은쪽에도 방 둘이 있는데

11 그 두 방 사이에 길이 있고 그 방들의 모양은 북쪽 방 같고 그 길이와 너비
도 같으며 그 출입구와 문도 그와 같으며

12 이 남쪽 방에 출입하는 문이 있는데 담 동쪽 길 어귀에 있더라

13 그가 내게 이르되 좌우 골방 뜰 앞 곧 북쪽과 남쪽에 있는 방들은 거룩한 방이
라 여호와를 가까이 하는 제사장들이 지성물을 거기에서 먹을 것이며 지성물
곧 소제와 속죄제와 속건제의 제물을 거기 둘 것이니 이는 거룩한 곳이라

14 제사장의 의복은 거룩하므로 제사장이 성소에 들어갔다가 나올 때에 바로
바깥뜰로 가지 못하고 수종드는 그 의복을 그 방에 두고 다른 옷을 입고 백
성의 뜰로 나갈 것이니라 하더라

성전의 사면 담을 측량하다

15 그가 안에 있는 성전 측량하기를 마친 후에 나를 데리고 동쪽을 향한 문의
길로 나가서 사방 담을 측량하는데

16 그가 측량하는 장대 곧 그 장대로 동쪽을 측량하니 오백 척이요

17 그 장대로 북쪽을 측량하니 오백 척이요

18 그 장대로 남쪽을 측량하니 오백 척이요

19 서쪽으로 돌이켜 그 장대로 측량하니 오백 척이라

20 그가 이같이 그 사방을 측량하니 그 사방 담 안 마당의 길이가 오백 척이며
너비가 오백 척이라 그 담은 거룩한 것과 속된 것을 구별하는 것이더라

년 월 일

43장

여호와께서 성전에 들어가시다

1 그 후에 그가 나를 데리고 문에 이르니 곧 동쪽을 향한 문이라
2 이스라엘 하나님의 영광이 동쪽에서부터 오는데 하나님의 음성이 많은 물
소리 같고 땅은 그 영광으로 말미암아 빛나니
3 그 모양이 내가 본 환상 곧 전에 성읍을 멸하러 올 때에 보던 환상 같고 그
발 강 가에서 보던 환상과도 같기로 내가 곧 얼굴을 땅에 대고 엎드렸더니
4 여호와의 영광이 동문을 통하여 성전으로 들어가고
5 영이 나를 들어 데리고 안뜰에 들어가시기로 내가 보니 여호와의 영광이 성
전에 가득하더라
6 성전에서 내게 하는 말을 내가 듣고 있을 때에 어떤 사람이 내 곁에 서 있
더라
7 그가 내게 이르시되 인자야 이는 내 보좌의 처소, 내 발을 두는 처소, 내가
이스라엘 족속 가운데에 영원히 있을 곳이라 이스라엘 족속 곧 그들과 그들
의 왕들이 음행하며 그 죽은 왕들의 시체로 다시는 내 거룩한 이름을 더럽
히지 아니하리라
8 그들이 그 문지방을 내 문지방 곁에 두며 그 문설주를 내 문설주 곁에 두어
서 그들과 나 사이에 겨우 한 담이 막히게 하였고 또 그 행하는 가증한 일로
내 거룩한 이름을 더럽혔으므로 내가 노하여 멸망시켰거니와
9 이제는 그들이 그 음란과 그 왕들의 시체를 내게서 멀리 제거하여 버려야
할 것이라 그리하면 내가 그들 가운데에 영원히 살리라
10 인자야 너는 이 성전을 이스라엘 족속에게 보여서 그들이 자기의 죄악을 부
끄러워하고 그 형상을 측량하게 하라
11 만일 그들이 자기들이 행한 모든 일을 부끄러워하거든 너는 이 성전의 제
도와 구조와 그 출입하는 곳과 그 모든 형상을 보이며 또 그 모든 규례와 그
모든 법도와 그 모든 율례를 알게 하고 그 목전에 그것을 써서 그들로 그 모
든 법도와 그 모든 규례를 지켜 행하게 하라

12 성전의 법은 이러하니라 산 꼭대기 지점의 주위는 지극히 거룩하리라 성전
의 법은 이러하니라

번제단의 모양과 크기

13 제단의 크기는 이러하니라 한 자는 팔꿈치에서부터 손가락에 이르고 한 손
바닥 넓이가 더한 것이라 제단 밑받침의 높이는 한 척이요 그 사방 가장자
리의 너비는 한 척이며 그 가로 둘린 턱의 너비는 한 뼘이니 이는 제단 밑받
침이요

14 이 땅에 닿은 밑받침 면에서 아래층의 높이는 두 척이요 그 가장자리의 너
비는 한 척이며 이 아래층 면에서 이 층의 높이는 네 척이요 그 가장자리의
너비는 한 척이며

15 그 번제단 위층의 높이는 네 척이며 그 번제하는 바닥에서 솟은 뿔이 넷이며

16 그 번제하는 바닥의 길이는 열두 척이요 너비도 열두 척이니 네모 반듯하고

17 그 아래층의 길이는 열네 척이요 너비는 열네 척이니 네모 반듯하고 그 밑
받침에 둘린 턱의 너비는 반 척이며 그 가장자리의 너비는 한 척이니라 그
층계는 동쪽을 향하게 할지니라

번제단의 봉헌

18 그가 내게 이르시되 인자야 주 여호와께서 이같이 말씀하셨느니라 이 제단
을 만드는 날에 그 위에 번제를 드리며 피를 뿌리는 규례는 이러하니라

19 주 여호와의 말씀이니라 나를 가까이 하여 내게 수종드는 사독의 자손 레위
사람 제사장에게 너는 어린 수송아지 한 마리를 주어 속죄제물을 삼되

20 네가 그 피를 가져다가 제단의 네 뿔과 아래층 네 모퉁이와 사방 가장자리
에 발라 속죄하여 제단을 정결하게 하고

21 그 속죄제물의 수송아지를 가져다가 성전의 정한 처소 곧 성소 밖에서 불사
를지며

22 다음 날에는 흠 없는 숫염소 한 마리를 속죄제물로 삼아 드려서 그 제단을
정결하게 하기를 수송아지로 정결하게 함과 같이 하고

23 정결하게 하기를 마친 후에는 흠 없는 수송아지 한 마리와 떼 가운데에서
흠 없는 숫양 한 마리를 드리되

24 나 여호와 앞에 받들어다가 제사장은 그 위에 소금을 쳐서 나 여호와께 번
제로 드릴 것이며

25 칠 일 동안은 매일 염소 한 마리를 갖추어 속죄제물을 삼고 또 어린 수송아
지 한 마리와 떼 가운데에서 숫양 한 마리를 흠 없는 것으로 갖출 것이며

26 이같이 칠 일 동안 제단을 위하여 속죄제를 드려 정결하게 하며 드릴 것
이요

27 이 모든 날이 찬 후 제팔일과 그 다음에는 제사장이 제단 위에서 너희 번제
와 감사제를 드릴 것이라 그리하면 내가 너희를 즐겁게 받으리라 주 여호와
의 말씀이니라

년 월 일

44장

성전 동쪽 문은 닫아 두라

1 그가 나를 데리고 성소의 동쪽을 향한 바깥 문에 돌아오시니 그 문이 닫혔
더라

2 여호와께서 내게 이르시되 이 문은 닫고 다시 열지 못할지니 아무도 그리로
들어오지 못할 것은 이스라엘 하나님 나 여호와가 그리로 들어왔음이라 그
러므로 닫아 둘지니라

3 왕은 왕인 까닭에 안 길로 이 문 현관으로 들어와서 거기에 앉아서 나 여호
와 앞에서 음식을 먹고 그 길로 나갈 것이니라

여호와의 영광이 성전에 가득하다

4 그가 또 나를 데리고 북문을 통하여 성전 앞에 이르시기로 내가 보니 여호
와의 영광이 여호와의 성전에 가득한지라 내가 얼굴을 땅에 대고 엎드리니

5 여호와께서 내게 이르시되 인자야 너는 전심으로 주목하여 내가 네게 말하
는 바 여호와의 성전의 모든 규례와 모든 율례를 귀로 듣고 또 성전의 입구
와 성소의 출구를 전심으로 주목하고

6 너는 반역하는 자 곧 이스라엘 족속에게 이르기를 주 여호와께서 이같이 말
씀하시기를 이스라엘 족속아 너희의 모든 가증한 일이 족하니라

7 너희가 마음과 몸에 할례 받지 아니한 이방인을 데려오고 내 떡과 기름과
피를 드릴 때에 그들로 내 성소 안에 있게 하여 내 성전을 더럽히므로 너희
의 모든 가증한 일 외에 그들이 내 언약을 위반하게 하는 것이 되었으며

8 너희가 내 성물의 직분을 지키지 아니하고 내 성소에 사람을 두어 너희 직
분을 대신 지키게 하였느니라

레위 사람들의 제사장 직분을 박탈하다

9 주 여호와께서 이같이 말씀하셨느니라 이스라엘 족속 중에 있는 이방인 중
에 마음과 몸에 할례를 받지 아니한 이방인은 내 성소에 들어오지 못하리라

10 이스라엘 족속이 그릇 행하여 나를 떠날 때에 레위 사람도 그릇 행하여 그
우상을 따라 나를 멀리 떠났으니 그 죄악을 담당하리라

년 월 일

11 그러나 그들이 내 성소에서 수종들어 성전 문을 맡을 것이며 성전에서 수종
들어 백성의 번제의 희생물과 다른 희생물을 잡아 백성 앞에 서서 수종들게
되리라

12 그들이 전에 백성을 위하여 그 우상 앞에서 수종들어 이스라엘 족속이 죄악
에 걸려 넘어지게 하였으므로 내가 내 손을 들어 쳐서 그들이 그 죄악을 담
당하였느니라 주 여호와의 말씀이니라

13 그들이 내게 가까이 나아와 제사장의 직분을 행하지 못하며 또 내 성물 곧
지성물에 가까이 오지 못하리니 그들이 자기의 수치와 그 행한 바 가증한
일을 담당하리라

14 그러나 내가 그들을 세워 성전을 지키게 하고 성전에 모든 수종드는 일과
그 가운데에서 행하는 모든 일을 맡기리라

제사장들

15 이스라엘 족속이 그릇 행하여 나를 떠날 때에 사독의 자손 레위 사람 제사
장들은 내 성소의 직분을 지켰은즉 그들은 내게 가까이 나아와 수종을 들되
내 앞에 서서 기름과 피를 내게 드릴지니라 주 여호와의 말씀이니라

16 그들이 내 성소에 들어오며 또 내 상에 가까이 나아와 내게 수종들어 내가
맡긴 직분을 지키되

17 그들이 안뜰 문에 들어올 때에나 안뜰 문과 성전 안에서 수종들 때에는 양
털 옷을 입지 말고 가는 베 옷을 입을 것이니

18 가는 베 관을 머리에 쓰며 가는 베 바지를 입고 땀이 나게 하는 것으로 허리
를 동이지 말 것이며

19 그들이 바깥뜰 백성에게로 나갈 때에는 수종드는 옷을 벗어 거룩한 방에 두
고 다른 옷을 입을지니 이는 그 옷으로 백성을 거룩하게 할까 함이라

20 그들은 또 머리털을 밀지도 말며 머리털을 길게 자라게도 말고 그 머리털을
깎기만 할 것이며

21 아무 제사장이든지 안뜰에 들어갈 때에는 포도주를 마시지 말 것이며

년 월 일

22 과부나 이혼한 여인에게 장가 들지 말고 오직 이스라엘 족속의 처녀나 혹시
제사장의 과부에게 장가 들 것이며
23 내 백성에게 거룩한 것과 속된 것의 구별을 가르치며 부정한 것과 정한 것
을 분별하게 할 것이며
24 송사하는 일을 재판하되 내 규례대로 재판할 것이며 내 모든 정한 절기에는
내 법도와 율례를 지킬 것이며 또 내 안식일을 거룩하게 하며
25 시체를 가까이 하여 스스로 더럽히지 못할 것이로되 부모나 자녀나 형제나
시집 가지 아니한 자매를 위하여는 더럽힐 수 있으며
26 이런 자는 스스로 정결하게 한 후에 칠 일을 더 지낼 것이요
27 성소에서 수종들기 위해 안뜰과 성소에 들어갈 때에는 속죄제를 드릴지니
라 주 여호와의 말씀이니라
28 그들에게는 기업이 있으리니 내가 곧 그 기업이라 너희는 이스라엘 가운데
에서 그들에게 산업을 주지 말라 내가 그 산업이 됨이라
29 그들은 소제와 속죄제와 속건제의 제물을 먹을지니 이스라엘 중에서 구별
하여 드리는 물건을 다 그들에게 돌리며
30 또 각종 처음 익은 열매와 너희 모든 예물 중에 각종 거제 제물을 다 제사장
에게 돌리고 너희가 또 첫 밀가루를 제사장에게 주어 그들에게 네 집에 복
이 내리도록 하게 하라
31 새나 가축이 저절로 죽은 것이나 찢겨서 죽은 것은 다 제사장이 먹지 말 것
이니라

년 월 일

45장

거룩한 구역

1 너희는 제비 뽑아 땅을 나누어 기업으로 삼을 때에 한 구역을 거룩한 땅으
로 삼아 여호와께 예물로 드릴지니 그 길이는 이만 오천 척이요 너비는 만
척이라 그 구역 안 전부가 거룩하리라

2 그 중에서 성소에 속할 땅은 길이가 오백 척이요 너비가 오백 척이니 네모
가 반듯하며 그 외에 사방 쉰 척으로 전원이 되게 하되

3 이 측량한 가운데에서 길이는 이만 오천 척을 너비는 만 척을 측량하고 그
안에 성소를 둘지니 지극히 거룩한 곳이요

4 그 곳은 성소에서 수종드는 제사장들 곧 하나님께 가까이 나아가서 수종드
는 자들에게 주는 거룩한 땅이니 그들이 집을 지을 땅이며 성소를 위한 거
룩한 곳이라

5 또 길이는 이만 오천 척을 너비는 만 척을 측량하여 성전에서 수종드는 레
위 사람에게 돌려 그들의 거주지를 삼아 마을 스물을 세우게 하고

6 구별한 거룩한 구역 옆에 너비는 오천 척을 길이는 이만 오천 척을 측량하
여 성읍의 기지로 삼아 이스라엘 온 족속에게 돌리고

7 드린 거룩한 구역과 성읍의 기지 된 땅의 좌우편 곧 드린 거룩한 구역의 옆
과 성읍의 기지 옆의 땅을 왕에게 돌리되 서쪽으로 향하여 서쪽 국경까지와
동쪽으로 향하여 동쪽 국경까지니 그 길이가 구역 하나와 서로 같을지니라

8 이 땅을 왕에게 돌려 이스라엘 가운데에 기업으로 삼게 하면 나의 왕들이
다시는 내 백성을 압제하지 아니하리라 그 나머지 땅은 이스라엘 족속에게
그 지파대로 줄지니라

통치자들의 통치 법칙

9 주 여호와께서 이같이 말씀하셨느니라 이스라엘의 통치자들아 너희에게 만
족하니라 너희는 포악과 겁탈을 제거하여 버리고 정의와 공의를 행하여 내
백성에게 속여 빼앗는 것을 그칠지니라 주 여호와의 말씀이니라

10 너희는 공정한 저울과 공정한 에바와 공정한 밧을 쓸지니

11 에바와 밧은 그 용량을 동일하게 하되 호멜의 용량을 따라 밧은 십분의 일
호멜을 담게 하고 에바도 십분의 일 호멜을 담게 할 것이며

12 세겔은 이십 게라니 이십 세겔과 이십오 세겔과 십오 세겔로 너희 마네가
되게 하라

13 너희가 마땅히 드릴 예물은 이러하니 밀 한 호멜에서는 육분의 일 에바를
드리고 보리 한 호멜에서도 육분의 일 에바를 드리며

14 기름은 정한 규례대로 한 고르에서 십분의 일 밧을 드릴지니 기름의 밧으로
말하면 한 고르는 십 밧 곧 한 호멜이며(십 밧은 한 호멜이라)

15 또 이스라엘의 윤택한 초장의 가축 떼 이백 마리에서는 어린 양 한 마리를
드릴 것이라 백성을 속죄하기 위하여 이것들을 소제와 번제와 감사 제물로
삼을지니라 주 여호와의 말씀이니라

16 이 땅 모든 백성은 이 예물을 이스라엘의 군주에게 드리고

17 군주의 본분은 번제와 소제와 전제를 명절과 초하루와 안식일과 이스라엘
족속의 모든 정한 명절에 갖추는 것이니 이스라엘 족속을 속죄하기 위하여
이 속죄제와 소제와 번제와 감사 제물을 갖출지니라

유월절과 일곱째 달 열다섯째 날

18 여호와께서 이같이 말씀하셨느니라 첫째 달 초하룻날에 흠 없는 수송아지
한 마리를 가져다가 성소를 정결하게 하되

19 제사장이 그 속죄제 희생제물의 피를 가져다가 성전 문설주와 제단 아래층
네 모퉁이와 안뜰 문설주에 바를 것이요

20 그 달 칠일에도 모든 과실범과 모르고 범죄한 자를 위하여 역시 그렇게 하
여 성전을 속죄할지니라

21 첫째 달 열나흗날에는 유월절을 칠 일 동안 명절로 지키며 누룩 없는 떡을
먹을 것이라

22 그 날에 왕은 자기와 이 땅 모든 백성을 위하여 송아지 한 마리를 갖추어 속
죄제를 드릴 것이요

23 또 명절 칠 일 동안에는 그가 나 여호와를 위하여 번제를 준비하되 곧 이레
동안에 매일 흠 없는 수송아지 일곱 마리와 숫양 일곱 마리이며 또 매일 숫
염소 한 마리를 갖추어 속죄제를 드릴 것이며
24 또 소제를 갖추되 수송아지 한 마리에는 밀가루 한 에바요 숫양 한 마리에
도 한 에바며 밀가루 한 에바에는 기름 한 힌 씩이며
25 일곱째 달 열다섯째 날에 칠 일 동안 명절을 지켜 속죄제와 번제며 그 밀가
루와 기름을 드릴지니라

46장

안식일과 초하루

1 주 여호와께서 이같이 말씀하셨느니라 안뜰 동쪽을 향한 문은 일하는 엿새
동안에는 닫되 안식일에는 열며 초하루에도 열고
2 군주는 바깥 문 현관을 통하여 들어와서 문 벽 곁에 서고 제사장은 그를 위
하여 번제와 감사제를 드릴 것이요 군주는 문 통로에서 예배한 후에 밖으로
나가고 그 문은 저녁까지 닫지 말 것이며
3 이 땅 백성도 안식일과 초하루에 이 문 입구에서 나 여호와 앞에 예배할 것
이며
4 안식일에 군주가 여호와께 드릴 번제는 흠 없는 어린 양 여섯 마리와 흠 없
는 숫양 한 마리라
5 그 소제는 숫양 하나에는 밀가루 한 에바요 모든 어린 양에는 그 힘대로 할
것이며 밀가루 한 에바에는 기름 한 힌 씩이니라
6 초하루에는 흠 없는 수송아지 한 마리와 어린 양 여섯 마리와 숫양 한 마리
를 드리되 모두 흠 없는 것으로 할 것이며
7 또 소제를 준비하되 수송아지에는 밀가루 한 에바요 숫양에도 밀가루 한 에
바며 모든 어린 양에는 그 힘대로 할 것이요 밀가루 한 에바에는 기름 한 힌
씩이며

년 월 일

8 군주가 올 때에는 이 문 현관을 통하여 들어오고 나갈 때에도 그리할지니라
9 그러나 모든 정한 절기에 이 땅 백성이 나 여호와 앞에 나아올 때에는 북문
으로 들어와서 경배하는 자는 남문으로 나가고 남문으로 들어오는 자는 북
문으로 나갈지라 들어온 문으로 도로 나가지 말고 그 몸이 앞으로 향한 대
로 나갈지며
10 군주가 무리 가운데에 있어서 그들이 들어올 때에 들어오고 그들이 나갈 때
에 나갈지니라
11 명절과 성회 때에 그 소제는 수송아지 한 마리에 밀가루 한 에바요 숫양 한
마리에도 한 에바요 모든 어린 양에는 그 힘대로 할 것이며 밀가루 한 에바
에는 기름 한 힌씩이며
12 만일 군주가 자원하여 번제를 준비하거나 혹은 자원하여 감사제를 준비하
여 나 여호와께 드릴 때에는 그를 위하여 동쪽을 향한 문을 열고 그가 번제
와 감사제를 안식일에 드림 같이 드리고 밖으로 나갈지며 나간 후에 문을
닫을지니라

매일 드리는 제사

13 아침마다 일년 되고 흠 없는 어린 양 한 마리를 번제를 갖추어 나 여호와께
드리고
14 또 아침마다 그것과 함께 드릴 소제를 갖추되 곧 밀가루 육분의 일 에바와
기름 삼분의 일 힌을 섞을 것이니 이는 영원한 규례로 삼아 항상 나 여호와
께 드릴 소제라
15 이같이 아침마다 그 어린 양과 밀가루와 기름을 준비하여 항상 드리는 번제
물로 삼을지니라

군주와 그의 기업

16 주 여호와께서 이같이 말씀하셨느니라 군주가 만일 한 아들에게 선물을 준
즉 그의 기업이 되어 그 자손에게 속하나니 이는 그 기업을 이어 받음이어
니와

년 월 일

17 군주가 만일 그 기업을 한 종에게 선물로 준즉 그 종에게 속하여 희년까지
이르고 그 후에는 군주에게로 돌아갈 것이니 군주의 기업은 그 아들이 이어
받을 것임이라

18 군주는 백성의 기업을 빼앗아 그 산업에서 쫓아내지 못할지니 군주가 자기
아들에게 기업으로 줄 것은 자기 산업으로만 할 것임이라 백성이 각각 그
산업을 떠나 흩어지지 않게 할 것이니라

성전 부엌

19 그 후에 그가 나를 데리고 문 곁 통행구를 통하여 북쪽을 향한 제사장의 거
룩한 방에 들어가시니 그 방 뒤 서쪽에 한 처소가 있더라

20 그가 내게 이르시되 이는 제사장이 속건제와 속죄제 희생제물을 삶으며 소
제 제물을 구울 처소니 그들이 이 성물을 가지고 바깥뜰에 나가면 백성을
거룩하게 할까 함이니라 하시고

21 나를 데리고 바깥뜰로 나가서 나를 뜰 네 구석을 지나가게 하시는데 본즉
그 뜰 매 구석에 또 뜰이 있는데

22 뜰의 네 구석 안에는 집이 있으니 길이는 마흔 척이요 너비는 서른 척이라
구석의 네 뜰이 같은 크기며

23 그 작은 네 뜰 사방으로 돌아가며 부엌이 있고 그 사방 부엌에 삶는 기구가
설비되었는데

24 그가 내게 이르시되 이는 삶는 부엌이니 성전에서 수종드는 자가 백성의 제
물을 여기서 삶을 것이니라 하시더라

년 월 일

47장

성전에서 나오는 물

1 그가 나를 데리고 성전 문에 이르시니 성전의 앞면이 동쪽을 향하였는데 그
문지방 밑에서 물이 나와 동쪽으로 흐르다가 성전 오른쪽 제단 남쪽으로 흘
러 내리더라

2 그가 또 나를 데리고 북문으로 나가서 바깥 길로 꺾여 동쪽을 향한 바깥 문
에 이르시기로 본즉 물이 그 오른쪽에서 스며 나오더라

3 그 사람이 손에 줄을 잡고 동쪽으로 나아가며 천 척을 측량한 후에 내게 그
물을 건너게 하시니 물이 발목에 오르더니

4 다시 천 척을 측량하고 내게 물을 건너게 하시니 물이 무릎에 오르고 다시
천 척을 측량하고 내게 물을 건너게 하시니 물이 허리에 오르고

5 다시 천 척을 측량하시니 물이 내가 건너지 못할 강이 된지라 그 물이 가득
하여 헤엄칠 만한 물이요 사람이 능히 건너지 못할 강이더라

6 그가 내게 이르시되 인자야 네가 이것을 보았느냐 하시고 나를 인도하여 강
가로 돌아가게 하시기로

7 내가 돌아가니 강 좌우편에 나무가 심히 많더라

8 그가 내게 이르시되 이 물이 동쪽으로 향하여 흘러 아라바로 내려가서 바다
에 이르리니 이 흘러 내리는 물로 그 바다의 물이 되살아나리라

9 이 강물이 이르는 곳마다 번성하는 모든 생물이 살고 또 고기가 심히 많으
리니 이 물이 흘러 들어가므로 바닷물이 되살아나겠고 이 강이 이르는 각처
에 모든 것이 살 것이며

10 또 이 강 가에 어부가 설 것이니 엔게디에서부터 에네글라임까지 그물 치는
곳이 될 것이라 그 고기가 각기 종류를 따라 큰 바다의 고기 같이 심히 많으
려니와

11 그 진펄과 개펄은 되살아나지 못하고 소금 땅이 될 것이며

12 강 좌우 가에는 각종 먹을 과실나무가 자라서 그 잎이 시들지 아니하며 열
매가 끊이지 아니하고 달마다 새 열매를 맺으리니 그 물이 성소를 통하여
나옴이라 그 열매는 먹을 만하고 그 잎사귀는 약 재료가 되리라

년 월 일

땅의 경계선과 분배

13 주 여호와께서 이같이 말씀하셨느니라 너희는 이 경계선대로 이스라엘 열
두 지파에게 이 땅을 나누어 기업이 되게 하되 요셉에게는 두 몫이니라

14 내가 옛적에 내 손을 들어 맹세하여 이 땅을 너희 조상들에게 주겠다고 하
였나니 너희는 공평하게 나누어 기업을 삼으라 이 땅이 너희의 기업이 되
리라

15 이 땅 경계선은 이러하니라 북쪽은 대해에서 헤들론 길을 거쳐 스닷 어귀까
지니

16 곧 하맛과 브로다며 다메섹 경계선과 하맛 경계선 사이에 있는 시브라임과
하우란 경계선 곁에 있는 하셀핫디곤이라

17 그 경계선이 바닷가에서부터 다메섹 경계선에 있는 하살에논까지요 그 경
계선이 또 북쪽 끝에 있는 하맛 경계선에 이르렀나니 이는 그 북쪽이요

18 동쪽은 하우란과 다메섹과 및 길르앗과 이스라엘 땅 사이에 있는 요단 강이
니 북쪽 경계선에서부터 동쪽 바다까지 측량하라 이는 그 동쪽이요

19 남쪽은 다말에서부터 므리봇 가데스 물에 이르고 애굽 시내를 따라 대해에
이르나니 이는 그 남쪽이요

20 서쪽은 대해라 남쪽 경계선에서부터 맞은쪽 하맛 어귀까지 이르나니 이는
그 서쪽이니라

21 그런즉 너희가 이스라엘 모든 지파대로 이 땅을 나누어 차지하라

22 너희는 이 땅을 나누되 제비 뽑아 너희와 너희 가운데에 머물러 사는 타국
인 곧 너희 가운데에서 자녀를 낳은 자의 기업이 되게 할지니 너희는 그 타
국인을 본토에서 난 이스라엘 족속 같이 여기고 그들도 이스라엘 지파 중에
서 너희와 함께 기업을 얻게 하되

23 타국인이 머물러 사는 그 지파에서 그 기업을 줄지니라 주 여호와의 말씀이
니라

48장

각 지파의 몫과 거룩한 땅

1 모든 지파의 이름은 이와 같으니라 북쪽 끝에서부터 헤들론 길을 거쳐 하맛
어귀를 지나서 다메섹 경계선에 있는 하살에논까지 곧 북쪽으로 하맛 경계
선에 미치는 땅 동쪽에서 서쪽까지는 단의 몫이요

2 단 경계선 다음으로 동쪽에서 서쪽까지는 아셀의 몫이요

3 아셀 경계선 다음으로 동쪽에서 서쪽까지는 납달리의 몫이요

4 납달리 경계선 다음으로 동쪽에서 서쪽까지는 므낫세의 몫이요

5 므낫세 경계선 다음으로 동쪽에서 서쪽까지는 에브라임의 몫이요

6 에브라임 경계선 다음으로 동쪽에서 서쪽까지는 르우벤의 몫이요

7 르우벤 경계선 다음으로 동쪽에서 서쪽까지는 유다의 몫이요

8 유다 경계선 다음으로 동쪽에서 서쪽까지는 너희가 예물로 드릴 땅이라 너
비는 이만 오천 척이요 길이는 다른 몫의 동쪽에서 서쪽까지와 같고 성소는
그 중앙에 있을지니

9 곧 너희가 여호와께 드려 예물로 삼을 땅의 길이는 이만 오천 척이요 너비
는 만 척이라

10 이 드리는 거룩한 땅은 제사장에게 돌릴지니 북쪽으로 길이가 이만 오천 척
이요 서쪽으로 너비는 만 척이요 동쪽으로 너비가 만 척이요 남쪽으로 길이
가 이만 오천 척이라 그 중앙에 여호와의 성소가 있게 하고

11 이 땅을 사독의 자손 중에서 거룩하게 구별한 제사장에게 돌릴지어다 그들
은 직분을 지키고 이스라엘 족속이 그릇될 때에 레위 사람이 그릇된 것처럼
그릇되지 아니하였느니라

12 땅의 예물 중에서 그들이 예물을 받을지니 레위인의 접경지에 관한 가장 거
룩한 예물이니라

13 제사장의 경계선을 따라 레위 사람의 몫을 주되 길이는 이만 오천 척이요
너비는 만 척으로 할지니 이 구역의 길이가 이만 오천 척이요 너비가 각기
만 척이라

년　월　일

14 그들이 그 땅을 팔지도 못하며 바꾸지도 못하며 그 땅의 처음 익은 열매를
남에게 주지도 못하리니 이는 여호와께 거룩히 구별한 것임이라

15 이 이만 오천 척 다음으로 너비 오천 척은 속된 땅으로 구분하여 성읍을 세
우며 거주하는 곳과 전원을 삼되 성읍이 그 중앙에 있게 할지니

16 그 크기는 북쪽도 사천오백 척이요 남쪽도 사천오백 척이요 동쪽도 사천오
백 척이요 서쪽도 사천오백 척이며

17 그 성읍의 들은 북쪽으로 이백오십 척이요 남쪽으로 이백오십 척이요 동쪽
으로 이백오십 척이요 서쪽으로 이백오십 척이며

18 예물을 삼아 거룩히 구별할 땅과 연접하여 남아 있는 땅의 길이는 동쪽으로
만 척이요 서쪽으로 만 척이라 곧 예물을 삼아 거룩하게 구별할 땅과 연접
하였으며 그 땅의 소산을 성읍에서 일하는 자의 양식을 삼을지라

19 이스라엘 모든 지파 가운데에 그 성읍에서 일하는 자는 그 땅을 경작할지
니라

20 그런즉 예물로 드리는 땅의 합계는 길이도 이만 오천 척이요 너비도 이만
오천 척이라 너희가 거룩히 구별하여 드릴 땅은 성읍의 기지와 합하여 네모
반듯할 것이니라

21 거룩하게 구별할 땅과 성읍의 기지 좌우편에 남은 땅은 군주에게 돌릴지
니 곧 거룩하게 구별할 땅의 동쪽을 향한 그 경계선 앞 이만 오천 척과 서
쪽을 향한 그 경계선 앞 이만 오천 척이라 다른 몫들과 연접한 땅이니 이것
을 군주에게 돌릴 것이며 거룩하게 구별할 땅과 성전의 성소가 그 중앙에
있으리라

22 그런즉 군주에게 돌려 그에게 속할 땅은 레위 사람의 기업 좌우편과 성읍의
기지 좌우편이며 유다 지경과 베냐민 지경 사이에 있을지니라

나머지 지파들의 몫

23 그 나머지 모든 지파는 동쪽에서 서쪽까지는 베냐민의 몫이요

24 베냐민 경계선 다음으로 동쪽에서 서쪽까지는 시므온의 몫이요

년 월 일

25 시므온 경계선 다음으로 동쪽에서 서쪽까지는 잇사갈의 몫이요

26 잇사갈 경계선 다음으로 동쪽에서 서쪽까지는 스불론의 몫이요

27 스불론 경계선 다음으로 동쪽에서 서쪽까지는 갓의 몫이며

28 갓 경계선 다음으로 남쪽 경계선은 다말에서부터 므리바가데스 샘에 이르
고 애굽 시내를 따라 대해에 이르나니

29 이것은 너희가 제비 뽑아 이스라엘 지파에게 나누어 주어 기업이 되게 할
땅이요 또 이것들은 그들의 몫이니라 주 여호와의 말씀이니라

예루살렘 성읍의 문들

30 그 성읍의 출입구는 이러하니라 북쪽의 너비가 사천오백 척이라

31 그 성읍의 문들은 이스라엘 지파들의 이름을 따를 것인데 북쪽으로 문이 셋
이라 하나는 르우벤 문이요 하나는 유다 문이요 하나는 레위 문이며

32 동쪽의 너비는 사천오백 척이니 또한 문이 셋이라 하나는 요셉 문이요 하나
는 베냐민 문이요 하나는 단 문이며

33 남쪽의 너비는 사천오백 척이니 또한 문이 셋이라 하나는 시므온 문이요 하
나는 잇사갈 문이요 하나는 스불론 문이며

34 서쪽도 사천오백 척이니 또한 문이 셋이라 하나는 갓 문이요 하나는 아셀
문이요 하나는 납달리 문이며

35 그 사방의 합계는 만 팔천 척이라 그 날 후로는 그 성읍의 이름을 여호와삼
마라 하리라

년 월 일

쓰다 시리즈 - ㉚

에스겔.쓰다
EZEKIEL WRITE

펴낸곳 에이프릴지저스
엮은이 에이프릴지저스 편집부

등 록 제2019-000161호
주 소 경기도 고양시 일산서구 주화로 180
전 화 031)908-3432 팩스 0504-230-0965
이메일 apriljesus2017@gmail.com

ISBN 979-11-90850-39-1 04230
ISBN 979-11-968349-3-7 04230(set)
값은 뒤표지에 있습니다. 잘못된 책은 바꿔 드립니다.

홈페이지 www.apriljesus.com
인스타그램 instagram.com/apriljesus

Ⓐ 에이프릴지저스